PAGES D'HISTOIRE AUDONIENNE

# SAINT-OUEN

## PENDANT LA RÉVOLUTION

D'APRÈS LES DOCUMENTS ORIGINAUX

PAR

LE Dᴿ HENRI PERRAUDEAU

PARIS

JOUVE ET Cⁱᵉ, IMPRIMEURS-ÉDITEURS

15, RUE RACINE, 15

1912

# SAINT-OUEN

## PENDANT LA RÉVOLUTION

*LE MARQUIS DU PLANTY*

Médecin de la Faculté de Paris
Maire de Saint-Ouen
(1808-1876)

*d'après des documents originaux*

PAGES D'HISTOIRE AUDONIENNE

# SAINT-OUEN

## PENDANT LA RÉVOLUTION

D'APRÈS LES DOCUMENTS ORIGINAUX

PAR

LE Dr HENRI PERRAUDEAU

PARIS

JOUVE ET Cie, IMPRIMEURS-ÉDITEURS

15, RUE RACINE, 15

1912

# PRÉFACE

*En publiant* l'Histoire de Saint-Ouen pendant la Révolution, *mon intention est de faire connaître une époque que l'on m'avait dit être presque impossible à reconstituer, par suite de l'absence complète de documents.*

*Le lecteur verra, dans le cours de ce volume, que cette affirmation était toute gratuite. Plusieurs pièces justificatives prouveront que tout n'a pas été la proie des flammes comme certains se plaisaient à l'affirmer. Ce qu'il y a de sûr, c'est que la plupart d'entre elles étaient absolument ignorées et éparses au hasard des collections qu'il m'a fallu retrouver.*

*La difficulté qu'on m'avait annoncée existait donc en partie et j'ajoute que non seulement elle ne me fut pas une cause d'épouvante, mais bien plutôt une raison de chercher et de prouver par le résultat de mes recherches, que ce que l'on va racontant de génération en génération n'est pas toujours l'expression de la vérité.*

*Où ai-je cherché et qu'ai-je trouvé ?*

*J'ai cherché naturellement dans nos grands centres d'informations historiques: aux Archives nationales, à la Bibliothèque nationale, aux Archives de la Seine, ces der-*

nières dépositaires de quantité de documents qui mérite-
raient d'être plus connus.

J'avoue cependant que sans la grande obligeance de
M. Lazard, archiviste aussi érudit qu'empressé à rendre
service, j'aurais pu errer longtemps et peut-être me
perdre au milieu des monceaux de cartons et des piles de
registres qu'il m'a fallu ouvrir et feuilleter. Je le remercie
de son amabilité et de son précieux concours, comme je
remercie notre secrétaire de mairie, M. Madère, dont je
connais la bienveillance pour l'avoir bien souvent et depuis
longtemps déjà mise à contribution sans avoir réussi à la
lasser. Il m'a donné tout ce que je lui ai démandé et m'a
laissé consulter les registres communaux aussi minutieusement et aussi longtemps que j'ai eu besoin de le faire.
Si je n'y ai pas trouvé plus de choses, il n'y a assurément pas de sa faute, mais il en est d'un secrétaire de
mairie comme de la plus belle fille du monde, il ne peut
donner que ce qu'il a.

Je m'empresse d'ajouter que notre obligeant secrétaire
ne faisait qu'exécuter, mais avec la meilleure grâce, les
recommandations de feu M. Palouzié, maire de Saint-
Ouen, qui me voyait avec satisfaction fouiller une partie
du passé de cette commune qu'il administrait depuis
quatorze années avec dévouement et qui a montré sa
reconnaissance, en lui faisant les funérailles dont le souvenir est encore présent dans toutes les mémoires, je lui
dois un dernier témoignage de gratitude.

Lorsque, l'année dernière je lui présentai les premières
pages d'histoire audonienne que je consacrai à l'existence
d'un noble confrère, le docteur marquis du Planty, qui
avait été également un des prédécesseurs de Palouzié dans

*la carrière administrative, comme maire de Saint-Ouen,
il me remercia beaucoup et me dit dans une lettre char-
mante, qu'il espérait bien que l'histoire de ce petit coin de
Saint-Ouen n'en resterait pas là et qu'elle aurait une
suite.*

*Je présente aujourd'hui cette suite qui est* l'Histoire de
Saint-Ouen *pendant la Révolution. J'en raconte les vieilles
choses autant que possible dans leur ordre chronologique.*

*J'ai tenu dans le premier chapitre à faire un très
court résumé historique des événements qui ont précédé
la Révolution. Ce résumé succinct était nécessaire pour
l'intelligence de certains faits de la période révolutionnaire
dont l'exposé modifiera quelques données acquises,
copiées et recopiées par les rares auteurs qui ont eu à
s'occuper de l'histoire moderne de Saint-Ouen, et dont
l'exactitude historique semble avoir été le cadet des soucis.*

*Voulant éviter l'erreur qu'ils ont commise, je me suis
efforcé de ne parler que d'après les textes manuscrits,
contemporains de la période révolutionnaire, pour écrire
l'histoire du peuple, qui ne commence réellement qu'à la
Révolution.*

*Est-ce à dire que toutes les pages en sont glorieuses et
que les hommes qui les premiers eurent pour mission de
diriger le peuple dans la voie nouvelle qui s'ouvrait
devant lui ne méritent que des éloges ? Loin de moi cette
pensée.*

*On verra que quelques-uns abusèrent même de leurs
prérogatives administratives et songèrent plutôt à faire
leurs affaires que celles de leurs concitoyens. Mais il y
en eut d'autres qui furent des modèles d'administrateurs,
ce qui est pour eux un grand mérite, dans un temps où*

*il était souvent plus difficile de connaître son devoir que de l'accomplir.*

*Si certains sont l'objet de critiques, je déclare n'entendre clouer personne au pilori, et mon intention formelle est de ne vouloir porter aucun préjudice aux descendants d'ancêtres, dont les actes appartiennent à l'histoire, mais dont les arrière-petits-fils ou neveux ne sauraient être rendus responsables.*

*Plusieurs générations ont passé sur les faits que j'expose, et si beaucoup de familles audoniennes portent encore les mêmes noms que celles de la Révolution, il est bien entendu que cette similitude de noms ne peut entraîner aucune espèce de considération fâcheuse à leur égard.*

*Mais l'histoire est l'histoire et rien ne peut prévaloir contre un fait qui n'intéresse en somme que son auteur.*

*J'insiste sur ce point qui aurait pu me faire hésiter à écrire ce livre si j'avais eu maille à partir avec l'un quelconque des descendants des hommes de 89. Je n'ai jamais eu que de bonnes relations avec ceux que je connais et tout récemment encore j'ai reçu, de l'arrière-petit-fils d'un de nos personnages, une preuve de sympathie qui me dispense d'entrer dans de plus longs détails.*

L'Histoire de Saint-Ouen pendant la Révolution *comprend donc l'exposé de la vie municipale se confondant bien souvent avec celle du peuple. Je vais essayer de faire revivre l'une et l'autre.*

*J'ai écrit cette histoire aussi complète que les documents que j'ai pu consulter m'ont permis de le faire, sans émettre toutefois la prétention d'avoir tout dit sur une époque qui ne sera peut-être jamais complètement connue,*

et dont les secrets demeureront de plus en plus impéné-
trables avec le recul des années et les catastrophes possibles.

Si le récit des faits et gestes de nos personnages locaux
et des opérations qu'ils eurent à accomplir ou qu'ils
virent simplement se dérouler sous leurs yeux peut
intéresser le lecteur et ne mécontenter personne, je serai
satisfait d'avoir atteint ce double but qui est toute mon
ambition et mon seul désir.

# SAINT-OUEN PENDANT LA RÉVOLUTION

## CHAPITRE PREMIER

Divisions administrative et territoriale. — Population. — Gardes
messiers. — Topographie. — Souvenirs historiques. — Rohan. —
Soubise. — Necker. — Curés. — Le duc de Nivernais. — Vol à la
maison Necker. — Organisation d'une police locale.

Le bon sens populaire qui s'était manifesté d'une
façon si précise dès le début du vIIIᵉ siècle en don-
nant au village le nom du ministre-évêque de Dagobert, *Audonœus Dado*, devait se retrouver aussi
spontané, aussi éloquent dix siècles plus tard.
Débarrassé enfin de la contrainte révolutionnaire qui
avait imposé à la commune la nouvelle et incom-
préhensible appellation de Bains-sur-Seine, il rejeta ce
vocable bizarre pour lui restituer sa séculaire dénomination de Saint-Ouen-sur-Seine, d'où ont été datés
tant d'actes royaux, à commencer par celui de Charles
le Chauve en 862[1] pour finir à la Déclaration signée
par Louis XVIII le 2 mai 1814.

Sans vouloir remonter au déluge, ni entrer dans

---

1. Léopold Pannier, *la Noble Maison de Saint-Ouen*, p. 47.

l'explication de termes désuets, je me contenterai de
dire brièvement que sous l'ancien régime, Saint-Ouen-
sur-Seine était communauté de la Généralité et de
l'Élection de Paris et paroisse du doyenné de Gonesse,
puis de Montmorency [1].

En 1787 lors de la première réorganisation administrative qui précéda la grande Révolution, la
paroisse Saint-Ouen fut municipalité du département
de Saint-Germain et comprise dans l'arrondissement
de Saint-Denis [2].

Enfin lorsque l'Assemblée Nationale eut décrété la
suppression des anciennes provinces et divisa la
France en départements, le 26 février 1790, le département de Paris fut l'un des six que composa l'Ile-de-
France, et Saint-Ouen l'une des 77 communes du
nouveau cadre administratif qui comprenait trois
districts ayant pour chefs-lieux : Paris, Saint-Denis
et Bourg-la-Reine [3].

Le district de Saint-Denis qui seul nous intéresse
et que devait supprimer la constitution de l'an III,
en même temps qu'elle substituait le nom de Seine
à celui de Paris, dans la dénomination du département, était composé de huit cantons : Passy, Nan-
terre, Colombes, Clichy-la-Garenne, Saint-Denis,
Pierre-Fite, Pantin et Belleville.

Le IVe canton comprenait six municipalités :
Clichy-la-Garenne, qui était le chef-lieu du canton et
où siégeait la justice de paix, Villiers-la-Garenne,

---

1. Fernand Bournon, *État des communes, Saint-Ouen*, p. 7.
2. *Ibid.*
3. *Almanach royal*, 1791, p. 179.

Neuilly, *Saint-Ouen*, Montmartre et la Chapelle-Saint-Denis.

La constitution de l'an VIII changea une fois encore la division administrative du département de la Seine. Saint-Denis fut érigée en sous-préfecture et la commune de Saint-Ouen ressortit du canton et de l'arrondissement de Saint-Denis.

Telles sont sommairement exposées les vicissitudes administratives de la commune de Saint-Ouen qui, en l'an 1789, avait déjà une organisation communale.

Chevreux en était le syndic municipal, Jacques-François Maillet le procureur fiscal, le chirurgien Claude-François Duzillet substitut, Pierre Macret bailli et greffier, François Compoint, maire depuis deux ans, Pierre-Charles-Gabriel Béville, procureur au bailliage, et enfin le duc de Nivernais seigneur et capitaine des chasses de la région [1].

Le « terroir » de Saint-Ouen, d'une superficie sensiblement égale à celle d'aujourd'hui, était limité au sud par le chemin de Saint-Denis à Montmartre, à l'est par le long chemin des Poissonniers, au nord par le chemin du Vieux-Port, à l'ouest par la rivière de Seine, le chemin de Clignancourt et une ligne de démarcation qui le séparait du territoire de Clichy [2].

Il était traversé de l'ouest à l'est par la nouvelle avenue de la Porte-Maillot, construite en partie sur l'ancien tracé du chemin des Carreaux et du chemin Solet [3].

---

1. Archives nationales : Bailliage de Saint-Ouen, Z² 4168.
2. *Ibid.*
3. *Ibid.*

La délimitation du territoire de la commune avait été arrêtée d'une façon officielle, le 25 janvier 1783, lors de la prise de possession de la seigneurie de Saint-Ouen, par le nouveau titulaire Jules Barbon-Mancini-Mazarini, duc de Nivernais, héritier et successeur du duc de Gesvres.

L'opération avait été faite par Pierre-Charles-Gabriel Béville, avocat au Parlement, procureur au bailliage de Saint-Ouen, en présence du procureur fiscal et du greffier, mais en l'absence du bailli Pierre Macret, fort souffrant depuis plusieurs années déjà, et à cette époque âgé de soixante-cinq ans [1].

Neuf poteaux furent plantés à différents points topographiques. Chacun d'eux « portait à son sommet une plaque de tôle sur laquelle étaient peintes les armes de Monseigneur » le duc de Nivernais [2].

Le territoire de Saint-Ouen ainsi délimité était renommé par sa fertilité, l'abondance de ses vignes et la qualité de ses vins [3].

La paroisse à proprement parler, la région habitée, était tout entière sur le plateau dominant la Seine. Elle présentait quatre parties très nettes, séparées par des chemins secondaires ou rues. Le lieu dit « les Châteaux » occupait la partie la plus élevée, puis venait le village avec sa vieille église et les maisons des habitants; Plantefort était situé à droite de l'église et tout en bas le lieu dit le Parc, où était le château du seigneur de Saint-Ouen [4].

1. Archives nationales : Bailliage Saint-Ouen, Z² 4168.
2. *Ibid.*
3. *Ibid.*
4. Archives nationales : Plan N III 737, Seine.

La paroisse dont Louis-Auguste Blanchard, « bachelier », âgé de quarante-huit ans[1], était curé, comprenait 132 feux et comptait 750 habitants[2]. Le village compris dans la banlieue de Paris possédait « quelques belles maisons »[3] dont la plus spacieuse était habitée par le seigneur du lieu, la plus riche en souvenirs historiques par le financier génevois Necker. La troisième demeurait veuve de son propriétaire, le maréchal de Rohan-Soubise mort en 1787.

Il existait encore une quatrième maison qualifiée de « manoir » dans la nomenclature des biens nationaux, sise Grand'Rue-du-Château et appartenant aux Dames de Saint-Cyr. Elle comprenait tout un ensemble de constructions dont la plus importante portait un panonceau pendant dans la rue, et ayant pour enseigne *le Soleil*[4]. Ce devait être le Grand Hôtel du jour, la principale auberge de la localité.

Les trois premières belles maisons étaient des châteaux où villégiaturaient pendant la saison estivale de riches propriétaires qui possédaient à Paris des hôtels somptueux.

Quant au pauvre peuple, il était logé dans des maisons construites en pierres et couvertes en chaume, groupées étroitement autour de son église, entre ses châteaux, mais respirant à pleins poumons l'air pur et vivifiant de la campagne, depuis

---

1. Archives nationales : Bailliage Saint-Ouen, Z³ 4168.
2. Chassin ; *les Élections et les cahiers de Paris en 1789. Paris hors les murs*, t. IV, p. 220.
3. Piganiol de la Force, *Description historique de Paris et des environs*, t. IX, p. 453.
4. Archives nationales, Q¹ 1030-1051.

que les guerres de Religion avaient débarrassé le village des remparts qui jadis l'enserraient et dont aujourd'hui encore une rue a perpétué le souvenir, en conservant l'orthographe de l'époque.

La population était composée presque exclusivement de vignerons dont certains cultivaient les lopins de terre qu'ils possédaient alors que d'autres louaient, à bail le plus souvent, les biens du clergé ou ceux de la noblesse [1].

Leurs récoltes étaient malheureusement trop souvent compromises par le gibier qui pullulait dans les remises de la capitainerie royale et qu'il était défendu de tuer sous les peines les plus sévères.

J'imagine qu'il était surtout défendu de se faire prendre et que les paysans audoniens ne devaient guère se gêner, le cas échéant, de faire disparaître un malheureux lapin de garenne qu'ils mangeaient ensuite à la santé de Sa Majesté.

La culture de la vigne était la grande occupation des habitants. Les vignobles se trouvaient principalement situés à l'est, entre le chemin de Saint-Ouen, que prolongeait la Grand'Rue du lieu dans la direction de Saint-Denis et le chemin de Paris. Un vaste espace, appelé « les Renouillères », était tout couvert de vignes et devenait, à l'approche des vendanges, l'objet d'une sollicitude toute particulière de la part des habitants qui devaient défendre leur récolte non seulement contre le gibier des remises royales, mais aussi contre un gibier spécial, celui des marau-

---

1. Archives nationales: Q¹ 1050-1051.

deurs, plus dangereux encore, et que la Révolution n'a point détruit comme le premier.

Pour protéger les vignes, le bailli de la paroisse nommait chaque année des gardes messiers, auxquels il faisait prêter serment et dont les fonctions commençaient dans le courant d'avril pour cesser après la récolte des vendanges. « Ils devaient déposer au greffe un rapport quotidien de leurs opérations, constater les délits, mettre en fourrière les bestiaux appartenant à des gens inconnus, etc.[1]. »

Ils étaient autorisés « à porter un bâton ferré, pour la sûreté de leurs personnes » et naturellement ils recevaient un salaire communal[2]. Ils se réunissaient pour prendre leur service dans un endroit situé en plein vignoble, à l'angle de la rue du Landy et du chemin Solet, sous un orme séculaire appelé en leur honneur l'orme aux Messiers.

Les derniers gardes messiers, nommés le 27 avril 1787, sont : Jean-Jacques Rocher, Michel Compoint, fils de Louis, Pierre Compoint, fils de Pierre[3].

L'élevage du bétail était peu pratiqué ; l'industrie et le commerce ne comprenaient que les travaux indispensables à l'existence des habitants, c'est dire qu'ils étaient peu prospères.

Les routes d'ailleurs étaient presque toutes en mauvais état, à l'exception de la route de la Révolte, pavée en partie, en faveur sans doute du passage

1. Archives nationales : Bailliage Saint-Ouen, Z¹ 4168.
2. *Ibid.*
3. *Ibid.*

.des carrosses de Sa Majesté lors de ses déplacements de Versailles à Compiègne.

Les chemins du village comprenaient la Grand'Rue-du-Château, la plus peuplée, avec des cours profondes comme celle de l'Écu-de-France où se trouvait l'école[1].

Cette maison, où l'instruction primaire était donnée gratuitement, appartenait à la Charité de Saint-Ouen. Elle avait été affectée à l'enseignement par un acte de donation d'une personne charitable, dont le nom n'a point passé à la postérité, et qui, en fournissant le local, avait aussi donné les ressources pécuniaires nécessaires pour remplir le but qu'elle désirait, en chargeant la Fabrique du lieu de l'exécution de ses volontés[2].

La Grand'Rue du village avec son auberge, son école, ses maisons, ses châteaux, était donc la plus importante, la plus habitée aussi. Venaient ensuite, par ordre d'importance décroissante, la rue des Vieux-Châteaux, la rue de Paradis, la rue Dumoutier avec sa bosse, la rue du Four, la rue aux Vaches, qui conduisait à la Seine. La ruelle des Ramparts (*sic*) était en dehors du village[3].

Les autres chemins du territoire de Saint-Ouen comme ceux du Landy, de la Chapelle, des Rosiers, le chemin de Paris, qu'il ne faut pas confondre avec la rue actuelle de Paris, le chemin de Clignancourt, celui de la Croix-Blanche avec sa grande croix de bois élevée à l'angle du chemin de Paris et de l'ave-

1. Archives de la Seine. Vente des biens nationaux, C. 170.
2. *Ibid.*, C. 169.
3. Archives nationales, Z² 4168.

nue de Maillot et quelques autres encore, n'étaient
que peu ou pas habités [1]. En tout sept ou huit rues se
partageaient les maisons, dont certaines arrivaient
jusque sur la place de l'Église.

Sur la petite place qui dominait la rivière et d'où
une ruelle, longeant la propriété de Necker, dégringo-
lait vers la berge, s'élevait hier comme aujourd'hui
l'église du village flanquée à droite du presbytère et
de la maison vicariale, alors qu'à sa gauche se trouvait le cimetière [2].

Avec sa place toute rustique, mais superbement
située, ses rues sans prétention et ses mauvais chemins, le village possédait encore deux magnifiques
avenues plantées d'arbres, bordées de pelouses et
dont il ne reste aucune trace. L'une conduisait au
château du seigneur, l'autre à celui du ministre.

L'avenue du château du duc de Nivernais abou-
tissait en ligne droite au corps principal du logis
seigneurial. Elle était précédée d'un vaste rond-
point « entouré lui-même d'arbres séculaires et orné
de trente-cinq bornes monumentales » [3], désigné sous
le nom de lieu dit : la Croix-de-Bois, à cause d'une
grande croix qui y était plantée et qui fut supprimée
comme les trois autres calvaires du village en fin

1. Archives nationales, Z² 4168.
2. L'église aurait remplacé au xii° siècle un petit oratoire élevé
dès le ix° siècle sur l'emplacement de la villa où était mort saint
Ouen, où son corps avait été exposé et d'où on l'enleva en grande
pompe en présence du roi Thierry III, de la reine, des évêques, des
maires du palais, des hauts dignitaires, pour le conduire à Rouen
dont l'ancien ministre de Dagobert était évêque. (Léopold Pannier,
*la Noble Maison*, p. 39).
3. Archives de la Mairie : *Registre des délibérations*, n° 1.

d'année 1793, quand un décret de la Convention ordonna l'enlèvement de tous les emblèmes religieux[1].

Il existait encore une deuxième croix appelée la Croix-Blanche, comme nous l'avons vu, et dont le souvenir s'était conservé jusqu'à ces dernières années par la rue de ce nom, aujourd'hui rue Louis-Blanc. La troisième croix se dressait à l'extrémité d'une bande de terrain, entre le chemin de Clignancourt et celui des Épinettes, à peu près à l'endroit où a été édifiée l'église Notre-Dame-du-Rosaire. La quatrième enfin était à l'entrée du cimetière sur la petite place qui précédait l'église[2]. Toutes ces croix, comme le rond-point et l'avenue qui en partait dans la direction du château, sont très nettement dessinés avec leurs rangées d'arbres, sur la carte dite des chasses, gravée par l'abbé de la Grive dans la seconde moitié du XVIIIe siècle.

On y voit encore le tracé de l'avenue de la maison de Necker avec sa demi-lune à son point de terminaison sur l'avenue de la Porte-Maillot.

Elle avait été créée de toutes pièces par le financier génevois qui avait acheté à différents cultivateurs de la commune en l'année 1770, des terrains plantés de vignes qu'il s'était empressé d'arracher « pour faire en face de la grille d'entrée — qui subsiste

---

1. Le rond-point de la Croix-de-Bois est facilement reconnaissable dans l'espace compris entre la mairie et la grille d'entrée de la pelouse du champ de courses. Quelques vieux arbres et quelques bornes en pierre forment un demi-cercle devant l'ancienne propriété du seigneur de Saint-Ouen. La majeure partie des ornements de l'époque ont été enlevés en 1867, lors de la construction de la mairie dont ils masquaient la façade.
2. Archives nationales. Plan N III, 737, Seine.

toujours en bordure de la rue Saint-Denis — une avenue de deux rangées d'arbres de chaque côté, longue de 25 toises, large de 19 toises qui commence sur le chemin de Saint-Ouen à Saint-Denis où elle forme une demi-lune, pour finir au grand chemin pavé de Saint-Denis à Versailles où elle forme encore une petite demi-lune bordée des deux côtés d'un fossé » [1].

Entre ces deux belles avenues s'étendait le lieu dit Plantefort, exclusivement couvert de vignes et que délimitent assez exactement la rue du Landy et celle de Paris.

A l'un des angles s'élevait depuis 1723 l'auberge de la Maison-Blanche dont Jacques Cadot était alors propriétaire [2].

Du côté du village, en bordure de la rue du Landy et de la Grand'-Rue, existaient des constructions annexes de la propriété Soubise appelées dans leur ensemble le Petit Hôtel Soubise [3].

En face étaient les bâtiments composant le Grand Hôtel Soubise, qui avec son jardin occupaient tout le quadrilatère compris entre la Seine, la rue du Four, la Grand'-Rue et la rue Dumoutier.

Cette propriété avait été acquise le 3 février 1729 par l'aïeul du maréchal, le prince de Rohan, à une

---

1. Acte d'achat de la propriété : Étude Mᵉ Goupille, notaire, 11, rue Louis-le-Grand.
2. Acte de vente: Étude Charpentier, 16, avenue de l'Opéra.
3. Un siècle plus tard en 1865 le propriétaire d'alors un M. Dupuytren fit tracer, à ses frais, les rues du Petit-Hôtel et Soubise qu'il donna à la commune, commettant ainsi une bonne action et montrant qu'il avait le culte du passé.

dame Hélène Corsillier veuve d'un conseiller du roi [1].

Par la suite, l'aïeul agrandit sa propriété en faisant l'acquisition « de trois maisons et de deux terrains ou emplacements qu'il a réunis » et dont hérita Charles de Rohan, prince de Soubise [2].

Ce dernier entreprit de nombreuses et coûteuses réparations pour embellir son hôtel, dont l'inauguration fut faite par Louis XV et Mme de Pompadour, le 11 octobre 1750 [3].

Il comprenait plusieurs corps de bâtiments dont l'un subsiste toujours en bordure de la rue du Four et dont les autres devaient être démolis en 1788, comme nous le verrons plus tard. L'entrée principale donnait sur la Grand'-Rue [4].

Dans son ensemble la propriété correspondait à la propriété Berthould, en y ajoutant toutefois le pâté de maisons qui lui est attenant sur la rue Dumoutier [5].

---

1. Étude Charpentier : Acte de vente.
2. *Ibid*.
3. Bibliothèque nationale : *Journal de Barbier*, publié par La Villegile, t. III.
4. Archives de la Seine, Saint-Denis : Biens des émigrés. Reg. 7, p. 66.
5. J'insiste longuement sur ces détails, relevés dans les minutes que deux notaires parisiens, Me Goupille et Me Charpentier, ont fort obligeamment mises à ma disposition, ce dont je les remercie bien sincèrement, pour redresser une grosse erreur historique qui va se répétant d'historien en historien, et qui veut que le prince de Rohan d'abord, et le maréchal de Soubise ensuite, aient habité la maison de Necker. La chose est absolument fausse. Le Grand Hôtel Soubise était où est la maison Berthould, et le vieux bâtiment qui borde la rue du Four avec sa belle rampe d'escalier en fer forgé, et ses vastes salles dépouillées depuis quelques années seulement, de leurs lambris, sont les derniers témoins d'un passé de luxe et de plaisirs.

Telle était la topographie générale de la paroisse à la veille de la Révolution.

Je crois nécessaire de résumer en quelques pages, les faits saillants qui la précédèrent et dont les principaux acteurs sont le maréchal de Soubise, le ministre Necker et le grand feudataire du royaume, le duc de Nivernais, seigneur de Saint-Ouen.

Je ne dirai rien du prince Charles de Rohan-Soubise, pair et maréchal de France, mort peu de temps avant la Révolution dont les deux hôtels étaient bâtis comme l'église elle-même, une partie du village et le château de Necker, sur l'emplacement de la Noble Maison.

Celui de Necker appartenait antérieurement à un M. de la Borgne qui, le 16 mai 1770, le vendit au financier génevois [1]. Il avait été construit en 1750 par une dame Doriac [2].

Le futur ministre des Finances de Louis XVI vint cette même année fixer dans le village sa résidence d'été.

Sa femme continua à Saint-Ouen, pendant la belle saison, la vie mondaine et le grand train qu'elle menait à Paris durant l'hiver.

La maison était alors le rendez-vous des littérateurs et des étrangers de distinction, qui partageaient leur temps entre les réceptions à son château, les visites au Moulin-Joly près Colombes, chez l'académicien Watelet, ou encore à la modeste demeure du poète Saint-Lambert à Eaubonne, en attendant de recevoir une hospitalité plus cérémonieuse, sinon plus

1. Étude Goupille : Acte de vente.
2. Bibliothèque nationale : Delort, *Mes Voyages aux environs de Paris*, t. II, p. 229.

cordiale, dans la maison de M^me Helvétius, à Auteuil.

Le séjour à Saint-Ouen était particulièrement agréable et spécialement recherché. Le roi Louis XVI y vint lui-même, plusieurs fois, mais alors l'étiquette changeait de ton et M^me Necker dut toujours s'effacer quand il plaisait au souverain de répondre à l'invitation de son ministre, en venant dîner chez lui. Le roi n'acceptait, en effet, qu'à la condition qu'il n'y eut pas de femmes. M^me Necker avait alors pour ressource d'aller rejoindre la reine Marie-Antoinette chez le duc de Nivernais, dans sa magnifique propriété de Saint-Ouen, où la victime infortunée de la Révolution trouvait toujours agréable, joyeuse et noble compagnie.

Avant de parler de ce grand personnage qui fut le dernier seigneur de Saint-Ouen, il me faut mentionner la fête particulière, mais populaire celle-là, du 16 décembre 1781 où eut lieu la cérémonie du baptême des quatre cloches de la paroisse par le curé Nativelle [1].

Il ne devait rester que peu de temps titulaire de la cure. Le 25 septembre 1783 il fut remplacé par Boiteux Lazare, du diocèse d'Autun, qui ne fit que passer à Saint-Ouen, comme son sucesseur immédiat Calloy Louis-Auguste-Marie-Gabriel, du diocèse de Coutances, qui, ayant pris possession de la cure le 13 août 1784, devait la quitter dans le courant de l'année 1785 [2].

---

1. Archives de la Mairie : État civil, 1781. Voir aux pièces justificatives le compte rendu de la cérémonie.

2. *Echo pastoral de Saint-Ouen*, publié par M. Guy, t. II, n° 6, p. 96.

Avant de partir, il eut à accomplir un acte important le 5 mars 1785, en louant à long bail par-devant
le notaire de la localité Macret, les biens de la
Fabrique et ceux de la confrérie de Saint-Ouen,
dont les termes de location devaient être singuliè-
rement réduits par la volonté des députés de l'Assemblée Nationale[1].

Il n'était plus dans la commune quand, dans cette
même année 1785, l'archevêque de Paris vint y faire
sa tournée pastorale. M. Antoine Eléonore-Léon de
Juigné, à la date du 8 octobre 1785, mit sur le
registre paroissial sa signature précédée de l'annota-
tion :

*Vu dans le cours de nos visites archiépiscopales.*

ANTOINE-E.-L., *archevêque de Paris*

La visite est contresignée : ROULLAND, *vicaire*[1].

Ce dernier devait exercer par intérim les fonctions
paroissiales jusqu'à l'arrivée du nouveau curé Nicolas
Blanchard, qui, le 20 juillet 1786, signe l'acte d'une
inhumation à laquelle il n'avait pu procéder qu'après
avoir obtenu du *maire* Compoint l'autorisation
préalable[3].

L'année suivante en 1787, il consent des baux de
location concernant les biens de la cure[4], et en 1788
« messire » Blanchard assiste en simple spectateur à
la bénédiction nuptiale donnée par l'évêque de Nancy
en la chapelle du château du duc de Nivernais, alors

1. Archives nationales, Q² 1050.
2. Archives municipales : *Registre de l'état civil.*
3. *Ibid.*
4. Archives nationales : *Ibid.*

seigneur de Saint-Ouen, et dont les nombreux titres sont complaisamment énumérés dans l'acte daté du 20 septembre 1788, que je résume [1].

Ce même jour..... dans la chapelle du château de M. le duc de Nivernais... eut lieu le mariage de M. Jean-Baptiste-Pierre Bour-gueil, secrétaire de très haute et très puissante Madame la maréchale de Mirepoix et demoiselle Luce-Jeanne-Genneviève Dufour....., en présence de très haut et très puissant seigneur Jules Barbon Mazarini-Manciny, duc de Nivernais, pair de France, chevalier des ordres du roi, grand d'Espagne de la première classe, noble vénitien, baron romain, gouverneur desdites provinces de Nivernais et Douzzois et autres lieux, gouverneur pour le roi, lieutenant général des duchés de Lorraine et de Bar, cy-devant ambassadeur extraordinaire auprès du Saint-Siège et des cours de Prusse et d'Angleterre, brigadier de ses camps et armées, seigneur de la justice de Saint-Ouen-sur-Seine, bienfaiteur de ladite paroisse, ministre d'État, l'un des quarante de l'Académie française et de celle des Inscriptions et Belles-Lettres..... Lecture faite du présent acte, il a été signé en présence de messire Nicolas Blanchard, curé de ce lieu....

Je ne crois pas qu'aucun des titres du noble duc, dont la signature figure sur le registre en qualité de témoin du marié, ait été oublié dans cette savante nomenclature à la d'Hozier qui sent si bien son ancien régime. De tout ce fatras nobiliaire je ne retiendrai que le titre de seigneur de Saint-Ouen qui va nous expliquer pourquoi le duc de Nivernais va s'émouvoir de certains désordres locaux, précurseurs de la prise de la Bastille et tâcher d'y porter remède, en sa qualité, de bien peu de durée désormais, de grand justicier de la paroisse.

Il possédait à Paris, rue de Tournon, une antique

---

1. Archives municipales : *Registres de l'état civil, 1781-1794.*

demeure qu'il habitait fréquemment, où il devait mourir, après y avoir été maintenu prisonnier. L'été il passait à Saint-Ouen la majeure partie de son temps, dans le magnifique château construit par Antoine Lepautre et que plus tard Louis XVIII fera complètement raser.

Avant 1789, ce château était le rendez-vous de l'aristocratie, comme celui de Necker était le lieu d'élection des littérateurs et des rastaquouères. Pour l'instant, pendant l'été de cette année 1789, son propriétaire songeait plutôt aux moyens de réprimer les premiers mouvements de la révolution qui grondait, qu'à favoriser des réunions galantes.

Depuis la convocation des États généraux à Versailles et des événements qui s'y rattachent, des bandes d'individus sorties on ne sait d'où, qui n'apparaissent que dans les époques troublées de la vie d'un peuple, ou dans des occasions tout à fait extraordinaires, parcouraient alors les campagnes et répandaient plus particulièrement la terreur dans les environs de Paris qu'elles avaient envahis.

Ces brigands, comme on les appelait alors, commettaient tant de vexations contre les gens de la paroisse Saint-Ouen en particulier, qu'une police rudimentaire, mais réelle, avait été organisée dans le village par le duc de Nivernais. Cette police était d'autant plus urgente à créer qu'un vol avec effraction assez important venait d'être commis nuitamment à la maison de campagne de Necker le 8 mai 1789 [1].

Des malfaiteurs s'étaient introduits dans la mai-

---

1. Archives nationales : Bailliage Saint-Ouen, $Z^1$ 4168-4169.

son en brisant les carreaux, en fracturant les serrures, et en démolissant à moitié une des fenêtres de
la façade nord. Ils avaient dévalisé le salon et
emporté « vingt et une couvertures en futaine recou-
vrant les fauteuils et les canapés, plus trois bras de cheminée et un grand rideau de toile qui recouvrait le
tableau représentant M^me Necker ». Ils avaient en
outre « décroché une petite bibliothèque et jeté des
vestiges de chandelles allumées » [1].

Dans la chambre à coucher de Necker, qui donnait
sur le parc, « ils avaient enlevé les couvertures du
lit, trois draps neufs de toile, éventré le matelas, sorti
le crin et la laine blanche, défait l'édredon dont le
duvet avait été répandu dans le jardin par la fenêtre
ouverte » [2].

Leur larcin accompli, ils s'étaient sauvés en sau-
tant par-dessus le mur de la terrasse du côté de la
rivière en laissant « des traces de pas d'hommes
petits, dans la plate-bande au long de la croisée de
la rivière » [3].

Quand le lendemain matin, le vieux concierge Martin s'aperçut de ce qui s'était passé la nuit, dans les
appartements de son maître, il s'empressa de porter
plainte au procureur qui fit une enquête où nous avons
relevé ces quelques détails.

Ce vol avec effraction, accompagnant les troubles
déjà observés, justifiait amplement la création d'un
corps de police. Son rôle consistait à effectuer des

1. Archives nationales : Bailliage Saint-Ouen, Z² 4168.
2. *Ibid*.
3. *Ibid*.

rondes nocturnes dans la commune qui était par-
courue en tous sens par des patrouilles à cheval.

Il y eut malheureusement des méprises dans un
temps où la suspicion commençait déjà à naître, et
si les intentions du duc étaient bonnes, les résultats
furent moins satisfaisants et faillirent même tourner
au tragique, une certaine nuit que ses hommes
d'armes se rencontrèrent avec des gardes de Clichy
qui tirèrent sur eux, sans les atteindre heureusement [1].

Il fallait donc amener la cessation d'un pareil état
de choses, et mettre un peu d'ordre et d'entente
pour éviter des malheurs.

Dans ce but le duc de Nivernais fit écrire à la municipalité de Clichy la lettre suivante qui fut lue « le
15 juillet 1789 à cinq heures du soir devant les habitants
et propriétaires de la paroisse Clichy, extraordi-
nairement et d'eux-mêmes assemblés » pour faire face
aux éventualités [2].

Il est important que les habitants de Clichy correspondent
avec les gens du château et de la paroisse de Saint-Ouen, afin
de se donner les uns aux autres des nouvelles qui puissent servir à leur sûreté réciproque. C'est dans cet esprit que le château de Saint-Ouen a envoyé la nuit passée deux hommes pour
voir ce qui se passait sur la route de la révolte, avec ordre de
s'arrêter à la garde de Clichy, de lui demander des nouvelles et
de lui rendre compte de ce qu'ils auraient découvert.

On ne peut blâmer la garde de Clichy d'avoir tiré sur les deux
hommes, mais comme il est à désirer, et que l'on croit à Saint-
Ouen que l'on désire à Clichy, qu'il n'arrive plus de pareilles

---

1. Archives municipales de Clichy : *Registre municipal, 1785-1790.*
2. Archives municipales de Clichy : *Registre des délibérations de
la communauté et des habitants de Clichy-la-Garenne, 1785-1790.*

méprises qui ne feraient que détruire entre eux d'honnêtes
gens qui doivent se soutenir, il serait bon de convenir d'un
mot auquel les deux paroisses pussent se reconnaître et se
communiquer.

On prendra à Saint-Ouen pour mot de la nuit prochaine
« Saint-Ouen et Clichy » pour ceux de cette paroisse, on le chan-
gera demain si les circonstances l'exigent [1].

D'après cette lettre, il a été fait la réponse suivante :

Les habitants de Clichy s'empresseront de concourir avec
ceux de Saint-Ouen, à ce qui peut contribuer à la bonne police
et à la sûreté des habitants, mais si les gens de M. le duc de
Nivernais ou tout autre, se rendaient suspects d'une manière
quelconque, ainsi qu'ils ont fait la nuit passée, à minuit un
quart, avec des personnes qui se promenaient à cheval, les
habitants de Clichy, fidèles à l'ordre, seraient forcés de le
maintenir au péril de leur vie... Fait et arrêté à l'Assemblée
générale tenue aujourd'hui, 15 juillet 1789 [2].

Cette fière réponse des autorités municipales, à la
lettre du duc, est tout à fait caractéristique de l'état
d'esprit d'alors. Sous une forme polie, elle apprend
au duc que, désormais, il n'est pas le seul maître
de la situation et que lui et ses gens doivent se soumettre aux mesures d'ordre et de sécurité prises
d'un commun accord, entre toutes les classes de la
société.

Le peuple ne voulait plus confier exclusivement
ses destinées aux soins de grands seigneurs, qui trop
souvent l'avaient mal servi, il entendait avoir voix
au chapitre.

---

1. Archives municipales de Clichy : *Ibid.*
2. *Ibid.*

Effectivement, le jour même où la lettre du seigneur de Saint-Ouen parvenait à la commune de Clichy, ses habitants étaient réunis depuis dix heures du matin, dans le but justement d'établir une garde bourgeoise pour « résister aux attroupements et aux insultes d'un nombre prodigieux de malheureux citoyens, que les fatales circonstances ont porté à l'esprit de brigandage... [1] », ce qui signifiait que les habitants, devenus enfin conscients de leurs propres forces, étaient assez grands pour savoir ce qu'ils avaient à faire, pour s'organiser eux-mêmes et pour pouvoir enfin se passer de la tutelle des grands.

La paroisse Saint-Ouen marcha rapidement sur les traces des gens de Clichy et entendit bien avoir sa garde bourgeoise recrutée parmi les habitants, pour s'opposer par la force, en cas de besoin, aux désordres possibles [2].

Ils avaient déjà fait preuve d'une initiative heureuse, peu de temps après la prise de la Bastille, en enterrant secrètement dans l'endroit où elles ont été retrouvées en 1841, les trois antiques statuettes en pierre de saint Ouen, saint Jean et d'un troisième personnage inconnu, qui ornent aujourd'hui la façade de l'église, où les fit poser le Dr du Planty, maire, lors de la restauration de l'église [3].

La municipalité de Saint-Ouen, dont le rôle jusqu'à cette date avait été des plus effacés, et qui n'avait

1. Archives municipales de Clichy : *Registre des Délibérations.*
2. Sigismond Lacroix, *Actes de la Commune de Paris pendant la Révolution,* t. II, p. 295.
3. Archives de la Seine : *Inventaire général des œuvres d'art de la Seine, arr. de Saint-Denis,* t. I, p. 389.

guère manifesté son existence, que par la signature de son maire Compoint, apposée au bas d'actes officiels plus ou moins secondaires, sortait enfin de sa torpeur administrative, en songeant à créer d'une façon sérieuse par elle-même et avec l'appui du peuple, une police locale jusqu'à ce jour concentrée entre les mains du seigneur de la localité, qui s'en servait d'ailleurs beaucoup plus dans son intérêt personnel, que dans celui de ses vassaux.

Le moment était venu où cet état de choses devait cesser. La souveraineté du peuple s'affirmait ainsi peu à peu, au fur et à mesure que les événements se précipitaient. Le peuple allait enfin gouverner à son tour.

L'histoire des grands et de tous leurs privilèges approchait de sa fin avec la convocation des États généraux, celle du peuple commençait.

# CHAPITRE II

---

La première grande manifestation de la volonté populaire eut lieu le 14 avril 1789 où se tint l'Assemblée préliminaire, organisée en vue de prendre des résolutions, pour établir le cahier des doléances qui devait être soumis, par chaque paroisse, à l'approbation des États généraux, dont l'ouverture avait été fixée par Louis XVI, après les hésitations dont il était coutumier, à la date du 5 mai 1789.

La municipalité de Saint-Ouen, qui venait d'être constituée, comme nous allons le voir bientôt, fut chargée de collaborer avec les municipalités voisines, à la rédaction du cahier des revendications générales du tiers-état.

Le cahier des doléances, plaintes et remontrances de la paroisse de Saint-Ouen-sur-Seine, qui a été publié dans *les Archives parlementaires*, d'après un manuscrit des archives de l'Empire, ne contient que trois articles très brefs [1].

Les habitants demandent :

ARTICLE PREMIER. — La suppression totale de toutes les capitaineries royales, notamment de celle de la Garenne des Tuileries, dont le gibier de toutes les espèces ravage des productions de toute espèce de territoire, ce qui cause une diminution considérable dans les approvisionnements nécessaires à la vie.

ART. 2. — La suppression des aides, et notamment du trop-bu, qui est un droit infâme.

ART. 3. — Adhésion au mémoire pour servir à la confection du cahier des doléances de la banlieue de Paris, dans laquelle se trouve comprise la paroisse de Saint-Ouen-sur-Seine, fait par maître Darigrand, avocat au Parlement de Paris et imprimé par Nyon, imprimeur du Parlement, rue Mignon-Saint-André-des-Arts, 1789.

Fait en présence de nous, Jacques-François Maillet, procureur fiscal du bailliage de Saint-Ouen-sur-Seine, pour l'absence de M. le Bailli dudit lieu, et ont lesdits habitants signé avec nous et notre greffier.

*Signé :* CHEVREUX, syndic municipal : J.-L. CORNIER, François COMPOINT, Louis COMPOINT, L. MERCIER, LE BERT, RAGET, VAILLANT, VALLET, Jean-Baptiste de la CROIX, G. LIOUVILLE, Thomas DAUNAY, VOISOT, Claude LEMAITRE, DELÉPINE, Gabriel VALLET, J.-B. POIRIÉ, COLLIN, DODÉ, Nicolas BOURDIN, MAILLET et MACRET.

Paraphé *ne varietur* au désir de notre procès-verbal de nomination de députés, de ce jourd'hui 14 avril 1789.

*Signé :* MAILLET

Cette première assemblée fut jugée insuffisante pour les revendications totales des populations suburbaines. Une deuxième eut lieu les 18 et 19 avril 1789. « Sur les instances réitérées des électeurs paysans, les commissaires chargés de la préparation

---

1. *Archives parlementaires*, t. V, p. 100.

au cahier général du tiers-état furent obligés de réunir dans un second cahier les vœux particuliers des habitants de la Prévôté et Vicomté hors des murs de Paris, concernant leurs demandes locales [1]. »

Dans le nombre des habitants mécontents se trouvaient ceux de Saint-Ouen, Vaugirard, etc., qui « reprochent vivement aux Bénédictins de Saint-Germain-des-Prés et de Meulan, gros décimateurs, de ne pas réparer les églises et de ne fournir aux habitants aucun secours ni spirituel, ni temporel » [2].

Je n'ai pas à rechercher si les plaintes contenues dans ce deuxième cahier des doléances étaient motivées en ce qui concerne Saint-Ouen, où les terres appartenant aux Bénédictins de Saint-Germain-des-Prés étaient plutôt rares. Je croirais volontiers que les habitants furent entraînés à faire cause commune avec ceux de différentes paroisses, par esprit de solidarité peut-être, et peut-être aussi pour pouvoir atteindre plus sûrement, par leurs revendications collectives, les Bénédictins de Saint-Denis qui eux, par exemple, possédaient de nombreuses propriétés sur le territoire communal.

Ces cahiers des plaintes des habitants de la paroisse furent présentés aux États généraux par les dix députés du tiers, à qui les avaient remis les deux grands électeurs de la commune, Jacques-François-Sébastien Boudier et Nicolas Vallet [3].

---

1. Ch.-L. Chassin, *Paris hors les murs. Les élections et les cahiers de Paris en 1789*, t. IV, p. 438.
2. *Ibid.*, p. 462.
3. *Almanach royal*, 1791, p. 384.

On a dit que le second cahier émanait du clergé qui n'osait pas soumettre ses revendications à ses propres députés par crainte d'un échec [1]. Redoutant l'influence de l'archevêque de Paris, M. Leclerc de Juigné, député lui-même, il avait chargé les députés du tiers de cette partie de ses revendications. La chose peut être exacte pour certaines paroisses moins favorisées que celle de Saint-Ouen dont les revenus étaient largement suffisants pour faire face à tous les besoins du culte, et qui par conséquent n'avait pas à envier les biens des congrégations.

Ces premières volontés du peuple furent bientôt suivies d'une nouvelle démonstration non moins importante, le 28 août 1789 [2]. A cette date fut tenue à Saint-Ouen « une assemblée composée des représentants de la municipalité de la ville de Saint-Denis, de la paroisse de Clichy, ainsi que de celles de Saint-Ouen, Gennevilliers, Colombes et Courbevoie, pour laquelle les paroisses se sont réunies pour la mouture de leurs grains dans le moulin de Cage situé dans l'île, vis-à-vis Saint-Ouen » [3].

J'emprunte ce texte au registre des délibérations de la communauté et des habitants de Clichy qui, dans sa séance du 30 août 1789, déclare « que la communauté des habitants de cette paroisse approuve et confirme ledit résultat, s'oblige à l'exécution des obligations qui lui sont imposées, et fait des remer-

---

1. Ch.-L. Chassin, *Paris hors les murs*, t. IV.
2. Archives municipales de Clichy : *Registre des délibérations*.
3. *Ibid.*

ciements aux officiers civils et militaires qui ont con-
couru à cette réunion » [1].

Nous voyons donc une fois encore le peuple
s'assembler à seule fin de faire ses affaires lui-même,
en prenant les mesures nécessaires pour sauvegarder
une situation qui aurait pu être critique, si la disette
était devenue générale.

Cette assemblée eut lieu sur les ordres donnés par
le comité provisoire de subsistances de l'Hôtel de
Ville à Paris qui, sous la direction de Bailly, avait
assumé la lourde tâche d'approvisionner la capitale.
Il donna la préférence à Saint-Ouen, à cause de la
proximité du moulin de Cage et de la facilité qui en
découlait, non seulement pour la surveillance de la
mouture des blés, mais encore pour le transport des
farines à Paris, qui toujours se faisait sous bonne
escorte.

Une garde particulière, fournie par les communes
intéressées, se tenait en permanence au Moulin de
Cage pour veiller à la bonne exécution des ordres du
comité de subsistances de l'Hôtel de Ville.

Les événements obligeaient le peuple à s'organiser
et à résister au besoin par la force, aux scènes de
désordres dont beaucoup de communes étaient alors
les témoins désolés.

La paroisse de Saint-Ouen fut amenée à faire sa
police municipale et à créer sa garde nationale, conformément au décret de l'Assemblée du 20 août 1789.
Elle enrôla de force les cent trente-cinq hommes

1. Archives municipales de Clichy : *Registre des délibérations*.

valides dont elle disposait et qui tout d'abord se nommèrent fièrement les « Grenadiers volontaires de la garde »[1]. Son état-major comprenait le grand électeur communal J.-F.-S. Boudier, commandant en chef, Michel Potet, commandant en second, Hyppolite Compoint, capitaine, et Jean-Nicolas Liouville, lieutenant[2].

La paroisse fit mieux encore. Pour être plus sûre d'exercer une protection réellement efficace envers les habitants et envers les propriétés, elle demanda, par l'entremise de sa municipalité, à la commune de Paris, l'affiliation de sa garde nationale à la garde nationale parisienne[3]. Cette demande fut faite aux membres de la commune le 14 octobre 1789 qui en délibérèrent dans leur séance de ce jour. Il fut répondu que cette affiliation serait accordée « à la charge par la garde nationale de Saint-Ouen d'obéir au commandement de la garde nationale parisienne »[4].

Il ne faudrait point se faire illusion toutefois sur la valeur réelle de notre garde nationale, ni même sur son importance. De droit tous les hommes en faisaient partie, seulement comme ils manquaient de tout, non seulement d'uniformes ce qui eût été secondaire, mais encore de fusils, ce qui était plus grave pour un corps de police, je crois bien que la demande d'affiliation à la garde nationale de Paris

---

1. Archives nationales, Z² 4168.
2. Archives municipales de Saint-Ouen : *Registre de l'État civil, 1781-1784*.
3. Sigismond Lacroix, *Actes de la commune de Paris pendant la Révolution*, t. II, p. 295.
4. *Ibid.*

devait être dictée par la pensée secrète de voir nos gardes nationaux locaux, équipés de pied en cap aux frais de la commune de Paris. Malheureusement il n'en fut rien.

Elle attendit un an, deux ans le résultat de ses démarches. A la fin lasse d'attendre, « une députation de la municipalité de Saint-Ouen et de la garde nationale revint à la charge le 24 juin 1791, et renouvela sa demande d'armes au Conseil général du département de Paris, qui ne fut pas plus accueillant que la première fois [1].

A défaut de fusils, nos hommes avaient leurs bâtons ferrés, leurs faux, leurs fourches, en attendant de posséder les piques conventionnelles.

Notre garde nationale était donc en réalité plus imposante par le nombre que terrible par ses moyens de défense, et l'état-major, qu'elle s'était pompeusement nommé, ne devait pas être mieux équipé que les 135 hommes qui la composaient, et dont, par esprit démocratique, j'ai tenu à faire connaître les noms.

Tous ces hommes, sans exception, devaient être inscrits d'office sur la liste des électeurs, conformément à la loi du 26 février 1790, qui allait en faire des citoyens actifs et bientôt après des contribuables, par décret du 23 novembre 1790. Elle contient tous les noms des familles de Saint-Ouen, dont certaines ont encore des descendants fort connus et toujours estimés.

---

1. Adolphe Schmidt, *Tableau de la Révolution française*, t. I, p. 49.

Je la publie aux pièces justificatives, sans en faire aucun commentaire, ne voulant point m'exposer à perdre mon latin, en cherchant à expliquer la généalogie de la famille Compoint.

Laissant donc de côté nos honorables ancêtres gardes nationaux que nous allons retrouver très prochainement, je me contenterai de dire quelques mots de leurs professions.

Les corps de métiers n'étaient pas très nombreux à vrai dire, et naturellement en rapport avec le genre d'existence des habitants. Il fallait des tonneliers pour faire ou réparer les barriques destinées à recevoir le vin récolté dans la localité. Il fallait quelques charrons et menuisiers pour mettre en état les charettes, et assurer un transport régulier de la vendange dans les trois ou quatre cabarets où les vignerons se réunissaient aux jours de repos, pour trinquer ensemble et boire à leur santé réciproque, après avoir fait un brin de toilette chez le perruquier du village.

Il y avait encore et forcément des maçons, des menuisiers. des charpentiers pour la construction et l'entretien des maisons, des cordonniers, des tailleurs de pierre certainement, des tailleurs d'habits peut-être, pour les élégants d'alors, des épiciers enfin chez qui l'on pouvait s'approvisionner.

Il y avait même un jardinier et un pêcheur. Le premier vendait sans doute des légumes à ceux qui ne possédaient pas un lopin de terre pour y cultiver des choux et des carottes, alors que le second trafiquait de sa pêche.

La basse-cour remplaçait le boucher et chacun faisant cuire son pain au four banal ou même à son propre four, le métier de boulanger était alors inconnu, seul le meunier pouvait faire ses affaires.

Les blanchisseurs étaient presque aussi nombreux que les cabaretiers, à cause probablement de la proximité de Paris.

Les malades enfin n'étaient pas abandonnés à leur malheureux sort. Ils recevaient les soins dévoués de Claude Duzillet, chirurgien, qui commençait à ne plus être jeune à cette époque et exerçait dans la commune la profession médicale depuis quarante ans[1].

Il allait bientôt avoir des démêlés avec son propriétaire Guillaume Compoint l'aîné, qui lui fera donner congé en bonne et due forme par le juge de paix de Clichy, Jean-Charles Legentil[2]. Il en sera quitte pour changer de maison et venir habiter une petite propriété qu'il avait achetée en 1792, par acte passé devant le notaire de la commune, Pierre Macret successeur de Roget, qui exerçait sa profession depuis 1757 et dont l'étude cessa d'exister en 1793[3].

C'est donc un des derniers actes de notre vieux notaire, dont le nom est inscrit sur la liste des contribuables sans désignation professionnelle. Cette liste est complète, mais n'indique pas toujours la qualité des gens, et si, d'autre part, certains noms n'y

---

1. Archives nationales, Z² 4168.
2. Archives de la Seine: Justice de paix du canton de Clichy, carton 130.
3. Archives nationales: Bailliage de Saint-Ouen, Z² 4168.

figurent pas, comme celui par exemple du curé Nicolas Blanchard, la raison en est qu'il avait déjà quitté la commune quand elle fut dressée.

Nous devons encore remarquer l'absence d'un personnage qui va tenir une grande place dans nos annales locales, Gabriel-Dorothée Crétu, un des fils de Crétu Nicolas, porté sous le numéro 53 [1] de la liste des contribuables [2]. A l'époque où elle fut faite il habitait Montmartre, y exerçait la profession de serrurier et venait de succéder à son père, ancien maître serrurier, qui depuis 1784 s'était retiré à Saint-Ouen où il mourut en 1792 [3].

La plupart des habitants mentionnés sur la liste des contribuables s'effacèrent rapidement devant les événements. Certains en profitèrent au début, puis comme les sages antiques se retirèrent sous leurs toits de chaume, après avoir goûté passagèrement des honneurs municipaux, qui leur furent conférés par les suffrages de leurs concitoyens.

Pour la première fois, le 14 avril 1790, les habitants furent appelés à élire le Conseil général de la commune, organisé conformément au décret de l'Assemblée Constituante du 11 novembre 1789 sanctionné par Louis XVI.

1. Voir aux pièces justificatives, à la fin du volume.
2. Il y a lieu de noter en passant que nos deux principaux acteurs de la période révolutionnaire, dont l'un, Boudier, devait tenir le rôle le plus lucratif et l'autre Crétu le rôle le plus ingrat, et, disons-le tout de suite, sans compensation sérieuse, n'étaient point originaires de Saint-Ouen, l'un venait d'Aubervilliers et l'autre de Montmartre.
3. Archives de la mairie : État civil.

Les opérations électorales donnèrent le résultat suivant[1] :

Marie : M. François Compoint, laboureur.

Officiers municipaux : MM. Nicolas Bourdin, vigneron; Guillaume-François Croissant, vigneron ; Thomas Daunay, vigneron ; Antoine Lebert, vigneron ; Pierre-Ouen Raget, vigneron.

Notables : MM. Jean Compoint, pêcheur ; Jean-Jacques Collin, perruquier ; Jean-François-Sébastien Boudier, laboureur ; Jean-Baptiste Poirié, maçon ; Sébastien Delacroix, vigneron ; Pierre-Jean Trouillet, vigneron ; Claude Le Maître, vigneron ; François Vallet, vigneron ; Jean-Baptiste Lebon, vigneron ; Ollivier Poirié, maçon ; Jean-Claude Erroutet, charpentier; Louis-François Compoint, vigneron.

Procureur de la commune : Jean-Baptiste de la Croix, voiturier.

Secrétaire-greffier : Pierre Macret, tabellion du ci-devant bailliage.

Trésorier : Jean-Martin Vaillant, vigneron.

Le même jour, 14 avril 1790, eut lieu la nomination des quatre prud'hommes assesseurs du juge de paix, à la résidence de Saint-Ouen[2].

MM. Nicolas Vallet, vigneron ; Nicolas Vallet, vigneron ; Jean-François-Sébastien Boudier, laboureur ; Jean-Nicolas Cornier, marchand de bois.

François Compoint fut maintenu dans les fonctions de maire, qu'il remplissait depuis plusieurs années

---

1. Archives de la Seine : *Almanach général du département de la Seine pour l'année 1791.*
2. Archives de la Seine : *Ibid.*

déjà, et le vote des citoyens actifs, nullement révolutionnaire dans la circonstance, ne fit que confirmer une situation déjà existante.

Le Conseil général ainsi constitué se mit à l'œuvre immédiatement[1].

En exécution de la loi du 18 mars 1790 par laquelle l'Assemblée Nationale avait ordonné que les biens du clergé primitivement mis à la disposition de la nation seraient vendus, elle avait chargé les municipalités du royaume d'en faire le relevé complet.

Nos officiers municipaux eurent à accomplir une double opération.

Ils dressèrent, premièrement un état des baux à loyer des biens... assis sur le territoire de Saint-Ouen et des terres appartenant à *la fabrique*, à *la confrérie* et à *la cure*[2].

*La fabrique* comptait dix-sept baux à son actif. Ils avaient été passés le 5 mars 1785 devant Macret, notaire à Saint-Ouen. Ils étaient faits pour neuf ou dix-huit années et avaient été consentis par le curé de la paroisse, Louis-Auguste-Marie-Gabriel Calloy, agissant en son nom personnel ou de concert avec Pierre Compoint, marguillier de la Fabrique, aux familles Delacroix, Compoint, Baquet, Dumoutier, Trézel, Legrand, Voillot, Froidure, Vallet, Daunay[3].

Presque toutes les terres ainsi louées à bail étaient

1. Archives nationales : Biens du clergé, Q¹ 1050-1051.
2. *Ibid.*
3. *Ibid.*

plantées en vigne, aussi avait-il été spécifié dans les clauses de chaque bail, qu'elles seraient maintenues et rendues au bout du bail « dans cet état de culture » [1]. Les bailleurs, en plus du prix de location, étaient tenus « de payer les cens, droits seigneuriaux ainsi que les droits de main-morte et d'en donner quittance valable à la fin dudit droit » [2].

Le résumé de ces baux, que j'ai copiés aux Archives nationales, figure à la fin du volume.

Les biens de la Fabrique étaient beaucoup plus importants que ceux de la *confrérie* de Saint-Ouen qui avaient été également loués à bail en 1785 par le curé Calloy, conjointement avec le marguillier Pierre Compoint, et dont le relevé ne comprend que deux baux, l'un au nom de Mathieu Bénard, vigneron, et l'autre à celui de Clair Rocher [3].

Quant aux biens de la *cure* qui formaient la troisième catégorie de cet inventaire dressé par le Conseil, ils comprenaient cinq articles.

Trois de ces articles concernaient des terres louées à bail en 1787 par le nouveau curé Nicolas Blanchard à Louis Compoint, Nicolas Trézel et à Jean-Baptiste Lebert. Deux autres locataires, François Compoint fils d'Ouen, le maire, et Jean-Baptiste Poirié, maçon et marguillier, jouissaient verbalement de certaines terres labourables ou plantées en vignes [4].

Cet état général des biens du clergé, dressé par la

---

1. Archives nationales : Biens du clergé, Q¹ 1050.
2. *Ibid.*
3. *Ibid.*
4. *Ibid.*

municipalité était certifié authentique par l'attestation du maire :

Nous, maire de la paroisse Saint-Ouen soussigné, certifie (*sic*) la présente expédition conforme aux baux.

Fait à Saint-Ouen, le 27 décembre 1790.

COMPOINT, maire [1].

Les biens du clergé séculier étant ainsi relevés et déclarés, il restait au Conseil à faire la même opération pour ceux du clergé régulier.

Sur ce deuxième point encore, je n'entreprendrai pas de donner une nomenclature détaillée des biens congréganistes, nomenclature qui serait aussi aride que monotone.

Ces biens sis sur *le territoire* de Saint-Ouen appartenaient à quatre principaux propriétaires savoir :

Les *Dames de Saint-Cyr;* les *Bénédictins de Saint-Denis;* le *titulaire de la chapelle Saint-Georges;* enfin les *Dames carmélites de Saint-Denis* [2].

Comme pour la précédente opération, le relevé en fut fait par le maire Compoint et son conseil, flanqués d'un sieur Trézel, électeur de la paroisse et comme tel, délégué par le canton de Clichy, pour assister aux opérations [3].

Les terres des *Dames de Saint-Cyr* étaient louées à bail à six locataires différents, dont deux possédaient la grosse part [4].

Le premier était « Louis Mercier, laboureur, qui a

---

1. Archives nationales : État des baux des biens du clergé, Q¹ 1050.
2. *Ibid.*
3. *Ibid.*
4. *Ibid.*

présenté expédition en papier, d'un bail pour neuf années commencé en 1788, pour le prix de 950 livres par année, et a déclaré qu'il n'a point d'autres charges et n'a point donné de pots-de-vin, et a signé au registre avec le maire et les officiers de la municipalité dont suivent les signatures : Compoint maire, Daunay, Bourdin, Le Bert, Lacroix, procureur, Croissant, officier, Trézel » [1].

Le deuxième bail important avait été consenti à Nicolas Trézel, laboureur, pour le prix de 1.100 livres de loyer.

Les quatre derniers locataires étaient : Henriette Compoint, veuve de François Legrand, Augustin Delacroix, Jean Compoint, fils d'Eustache et Marie-Madeleine Chevallier, sa femme, et enfin Pierre Cottin, laboureur à la Chapelle [2].

Les biens des *Bénédictins de Saint-Denis* étaient loués principalement à Nicolas-Charles Compoint père [3].

Ceux de la *chapelle Saint-Georges* comprenaient une pièce de terre de 16 arpents au lieu dit la Renouillère qui, comme tous les autres, avait été louée à bail. « Ledit bail a été donné ferme à Nicolas Bridault de Gardinville, bénéficiaire de la Sainte-Chapelle, chapelain de la chapelle Saint-Georges de Saint-Ouen, desservie en la chapelle Saint-Michel, dans l'enclos du Palais à Paris, qui a loué à Antoine-Charles Eprès, meunier à Saint-Denis, et a cédé la

---

1. Archives nationales : État des biens du clergé [1] Q, 1050-1051.
2. *Ibid.*
3. *Ibid.*

jouissance dudit bail par M. Frécheau, actuellement prêtre-chapelain de ladite chapelle Saint-Georges à Antoine Lecointre, salpêtrier à Saint-Denis, pour la continuation du bail, par sous-seing de la main dudit chapelain, en date du 21 septembre 1782 et a signé : Frécheau [1]. »

« Par déclaration faite au *Registre de la municipalité de la paroisse Saint-Ouen*, il est déclaré pour charges des terres de la chapelle Saint-Georges : 1° pour les décimes, 247 livres 8 sols à payer, et 2° pour fondation résultant du titre, 208 messes, lesquelles ne pouvant être évaluées à moins de vingt sols font 208 livres [2]. »

J'ai tenu à reproduire cette déclaration *in extenso*, à cause de son intérêt sur un point curieux de notre histoire locale, que j'aurai peut-être quelque jour occasion de mettre en lumière.

Les biens enfin des *Dames carmélites de Saint-Denis* étaient loués à Antoine Lebert le jeune, vigneron à Saint-Ouen, et Marie-Anne Legrand, sa femme [3].

Cette deuxième opération, sommairement exposée, traîna quelque peu en longueur, par la faute d'un loustic qui chercha probablement à mystifier les conseillers, en attendant de devenir conseiller municipal lui-même, et qui, en tout cas, fut cause de la lettre d'excuses suivante, signée par tous les officiers municipaux et adressée aux députés de l'Assemblée

---

1. Archives nationales : Biens du clergé, Q¹ 1050-1051.
2. *Ibid.*
3. *Ibid.*

Nationale. en même temps que le résultat de leurs opérations [1] :

Messieurs,

Notre retard de vous envoyer les présentes déclarations est qu'il y a sur notre territoire, une pièce de terre... appartenant aux Dames carmélites de Paris.

Ladite pièce a été donnée à bail à Nicolas Gillet qui était, dans le temps, fermier de la seigneurie de Saint-Ouen, et actuellement il est demeurant à Villeparisis depuis sept ou huit ans, a cédé la jouissance de son bail au nommé Jean-Nicolas Cornier, marchand de bois à Saint-Ouen, à qui nous avons demandé plusieurs fois la copie du bail ou de son sous-louage. Il nous a toujours amusés et nous sommes obligés de passer outre et devons vous en faire part, messieurs :

Compoint, maire, A. Lebert, Croissant, Bourdin, Donnay, Raget, officiers.

Macret, secrétaire-greffier [2].

Décidément les marchands de bois commencèrent de bonne heure à dresser des embûches au Conseil municipal, aujourd'hui Cornier, demain Boudier.

Pour le quart d'heure, le Conseil ne s'émeut pas outre mesure et va continuer l'accomplissement de sa tâche municipale, qui deviendra de plus en plus difficile, par suite des circonstances critiques où le mèneront les événements qui vont se succéder avec une rapidité vertigineuse, pendant quelques années.

Avant d'en faire le récit dans les chapitres suivants, il me faut citer les noms des bourgeois de Saint-Ouen qui, ne figurant pas dans la liste des 135 contribuables, ni dans la composition du Conseil et dont

1. Archives nationales : Biens du clergé, Q¹ 1050-1051.
2. *Ibid*.

certains, comme bien on pense, ne sortiront pas indemnes de la tourmente révolutionnaire.

Ils étaient peu nombreux, à vrai dire, et s'ils ne sont pas compris parmi les électeurs, c'est qu'en réalité ils n'habitaient la commune que d'une façon temporaire, et avaient leur domicile légal ailleurs. De ce nombre sont le duc de Nivernais et Necker qui demeuraient à Paris, tout en payant ici une forte contribution foncière. Le premier était taxé pour la somme totale de 1.802 livres 15 sols, et le second pour 335 livres 17 sols [1].

La plupart des contribuables qui prirent part à l'élection du conseil municipal étaient imposés pour des sommes qui ne pouvaient que de loin soutenir la comparaison avec de semblables chiffres.

Parmi ceux qui ne votèrent pas, tout en ayant des propriétés plus ou moins importantes et plus ou moins imposées, il faut encore compter les bourgeois Gocier, Chevreux, Delandre, de Chambry, Grivelot [2].

Nous connaissons les noms de tous les contribuables, la composition du Conseil général et ses premiers gestes, il nous reste à narrer les actions de ces hommes que la confiance populaire avait investis de fonctions publiques dont l'exercice va devenir, pour quelques-uns, une source de profits et, pour la plupart, une charge dont ils se débarrasseront à la première occasion.

---

1. Archives de la Seine : *Registre des Contributions foncières et mobilières*. Département de Paris.
2. *Ibid*.

# CHAPITRE III

---

Sitôt installée dans la « Chambre commune », la nouvelle municipalité eut à faire d'office la transcription sur le registre *ad hoc*, des « Lettres patentes du Roy qui ordonne l'envoi aux tribunaux, municipalités et autres corps administratifs, des décrets de l'Assemblée Nationale qui ont été acceptés ou sanctionnés par Sa Majesté » [1].

Ce premier volume dénommé *Registre de la Municipalité de la paroisse de Saint-Ouen* [2] a malheureusement disparu, très probablement à l'époque de la Restauration, pendant le séjour de Louis XVIII à

---

1. Archives municipales de Clichy : *Registre des Délibérations.*
2. Archives nationales : Biens du clergé, n° 1050.

Saint-Ouen, alors que certains personnages étaient intéressés à jeter un voile sur leur passé révolutionnaire. Il contenait les extraits des procès-verbaux des principales séances de l'Assemblée Nationale depuis le jour où elle s'était appelée ainsi, le 17 juin 1789, et où ses membres avaient juré de ne point se séparer sans avoir donné une constitution au pays qu'ils représentaient.

Nous savons partiellement ce qu'il renfermait grâce à la lecture des livres similaires des communes voisines, grâce aussi et surtout, à des pages manuscrites éparses dans les divers cartons ou collections des archives, et à des copies de procès-verbaux des opérations municipales comme, par exemple, celles que nous avons mentionnées pour le relevé des biens nationaux.

Nous savons qu'en ce qui concerne l'année 1789, le récit de la nuit du 10 août et des séances qui la précédèrent, dans lesquelles fut votée l'abolition de tous les privilèges du Clergé et de la Noblesse, était fait avec toute l'ampleur nécessaire.

De même encore était enregistré le décret du 20 août qui ordonnait la création d'une garde nationale, dont nous avons donné la constitution.

La Déclaration des Droits de l'homme et du citoyen, solennement proclamée en dix-neuf articles le 1er octobre, était inscrite *in extenso*.

Pour l'année 1790 le Conseil général avait inséré le décret du 26 février qui divisait la France en 85 départements et faisait de Saint-Ouen une des six communes du canton de Clichy rattaché au district de Saint-Denis, compris lui-même dans le département de Paris.

Étaient insérés également le décret du 16 mars qui ordonnait la vente des biens du clergé, celui du 12 juillet sur la constitution civile du clergé, sanctionné par le roi le 24 août, celui enfin du 8 novembre relatif à l'organisation de la première assemblée électorale du département de Paris, pour la nomination des juges, de leurs suppléants, des administrateurs des départements, des communes, de l'évêque de Paris, des curés.

Parmi les membres de cette assemblée, à qui incombait le soin de nominations aussi variées qu'importantes, se trouvaient deux habitants de la paroisse, l'un, Jacques-François-Sébastien Boudier, laboureur, âgé de trente-huit ans, l'autre, Nicolas Vallet, vigneron, âgé de quarante-cinq ans [1].

Ils étaient du nombre des douze électeurs qui représentaient officiellement les six communes du canton de Clichy à l'assemblée départementale du district de Saint-Denis.

En ce qui concerne la représentation municipale, nous savons que le 14 avril avait eu la convocation des citoyens actifs, pour l'élection du Conseil général dont nous avons donné la composition dans le chapitre précédent.

Un des premiers actes de la nouvelle municipalité eut lieu dans le courant de janvier 1791, où le maire François Compoint reçut du curé de la paroisse, Nicolas

---

1. Archives de la Seine : *Almanach royal de 1791*, p. 384.

Blanchard, et de son vicaire, Huméry, le serment imposé aux ecclésiastiques.

Ils étaient l'un et l'autre parmi les nombreux curés et vicaires de la banlieue qui jurèrent [1]. La soumission du curé fut d'ailleurs de courte durée. Il ne tarda pas à se rétracter, à quitter la paroisse et à disparaître de la circulation [2].

Sa dernière signature figure, à la date du 17 janvier 1791, sur les registres paroissiaux conservés à la mairie. Les actes religieux sont ensuite signés du nom du vicaire Huméry jusqu'au 20 mars.

Sur ces entrefaites le 13 mars, l'évêque de Lydda, Jean-Baptiste-Joseph Gobel, avait été nommé à l'archevêché de Paris et installé le 27 mars. Il ne tardait pas à gratifier Saint-Ouen d'un curé constitutionnel, dans la personne de Pierre Morel qui prit possession de son nouveau poste dans les derniers jours de mars.

Il fut installé dans ses fonctions curiales par la municipalité et présida, le 2 avril, le service funèbre ordonné par l'archevêque de Paris, pour le repos de l'âme de Mirabeau. Il venait du diocèse de Coutances et garda avec lui le vicaire de son prédécesseur qui avait rempli par intérim le ministère paroissial [3].

Le 20 avril, il appose sa signature au bas de l'acte

1. Chanoine Pisani, *l'Église de Paris et la Révolution*, t. IV, p. 334.
2. Il ne devait plus revenir à Saint-Ouen et nous le voyons en 1802, après la promulgation du concordat, nommé à la cure de Bourg-la-Reine, ci-devant Bourg-l'Égalité.
3. Archives de la Seine. Carton Q³ 861.

d'inhumation de Marie-Louise-Françoise Vadin [1].

Le nouveau curé de Saint-Ouen crut bon, quelque temps après son installation, de faire visite au duc de Nivernais qui, de son côté, jugea utile de lui exposer ses idées sur le nouveau mode de recrutement des membres du clergé. Piqué au vif de critiques auxquelles il ne s'attendait pas, le curé ne put s'empêcher d'en causer à des personnes qui rapportèrent ses propos. Une enquête en résulta et le Conseil général eut à dresser de cet entretien le procès-verbal suivant, qu'il fit signer au curé de Saint-Ouen [2].

Le vingt-deuxième jour de juin 1791, le curé de Saint-Ouen ayant été rendre visite à M. de Nivernais, après une conversation sur des choses indifférentes, ledit sieur de Nivernais lui a fait sentir, par les propos qu'il lui a tenus, combien le serment décrété par l'Assemblée Nationale relativement aux fonctionnaires publics avait alarmé sa conscience, que le droit de choisir les pasteurs n'appartenait nullement au peuple, et, pour preuve de son sentiment, il lui a donné une lettre pastorale, d'un évêque réfractaire laquelle lettre ledit sieur curé lui a fait remettre deux heures après par M. Vée, son concierge. »

Ce procès-verbal fut apporté « par les officiers municipaux de Saint-Ouen et un lieutenant des grenadiers volontaires de la garde nationale dudit lieu à M. Pardieu [3], député à l'Assemblée Nationale, commandant du bataillon Saint-Joseph, dans la section du Faubourg-Montmartre qui le transmit à ses collègues du Comité des rapports et des recherches,

1. Archives municipales de Saint-Ouen : *Registre de l'état civil*, 1791.
2. Archives nationales. D, XXIX, t. 36.
3. *Ibid*.

pour en faire l'usage qu'ils jugeraient à propos ».

Il n'en résulta rien de fâcheux pour personne et l'incident fut clos, grâce peut-être à l'influence de J.-P. Brissot, député lui aussi à l'Assemblée Nationale qui, quelques mois plus tard, vint à Saint-Ouen pour servir de parrain à la petite Boudier que baptisa le curé Morel, mieux coté que jamais.

Le 17 septembre 1791 a été baptisée Marie-Françoise-Félicité Boudier, née du jour d'avant-hier, fille de Charles-François-Sébastien Boudier, commandant de la garde nationale de cette paroisse et de Marie-Jeanne Trézel, son épouse. Le parrain Jacques-Pierre Brissot, député à l'Assemblée Nationale demeurant rue Grétry, paroisse Saint-Eustache à Paris, la marraine Geneviève Polvu, femme de Jean-Nicolas Cornier, marchand de bois, lesquels ont signé : J.-P. Brissot, député à l'Assemblée Nationale, Boudier, Morel, curé [1].

Suivent alors les noms d'électeurs de Brissot, illustres inconnus de la population, mais si fiers de leur qualité, qu'ils l'étalent pompeusement et en toutes lettres sur la page du registre où j'ai copié ce texte.

Boudier, personnalité politique locale dans toute l'acception du mot, veut déjà entourer, semble-t-il, d'un certain éclat les actes de sa famille.

Il n'était pas de mode alors, et pour cause, de fêter la célébration d'un baptême par un dîner chez Marguery, il dut se rattraper en organisant une fête familiale dans les appartements de l'ancien hôtel Soubise, en compagnie de Brissot, de ses électeurs et du curé Morel.

---

1. Archives municipales de Saint-Ouen : *Registre de l'état civil* 1791.

Le lendemain du baptème qui était un dimanche, le nouveau curé monte en chaire pour lire le mandement de l'archevèque de Paris qui ordonnait dans toutes les églises du diocèse le chant du *Te Deum* en l'honneur de la proclamation de la constitution.

La municipalité assista en corps à la cérémonie religieuse et tint à compléter l'allégresse générale, en ordonnant des réjouissances publiques qui se manifestèrent surtout par des distributions de vin, toujours appréciées des électeurs, et par des bals champêtres aimés surtout par la jeunesse.

Peu de jours auparavant, la municipalité avait désigné ceux de ses membres qui devaient présider à la vente des biens nationaux, et dont quelques-uns, n'assistèrent pas en spectateurs désintéressés aux opérations gouvernementales [1].

Bien placés pour avoir les meilleurs renseignements, ils se serviront d'abord, ce qui est très humain, et ensuite songeront à leurs parents et amis, ce qui prouve un bon naturel. L'occasion était excellente, unique au monde, pourquoi ne pas en profiter? C'est ce que pensèrent François Compoint, le maire, J.-F.-S. Boudier, le notable, Nicolas Bourdin, le conseiller, Thomas Daunay, l'officier municipal, et quelques autres encore des délégués municipaux [2].

Pour eux tous l'année 1794 fut heureuse et se termina par de bonnes opérations fiscales.

---

1 Archives de la Seine : Domaines ; Vente des biens nationaux, carton 856.

2. Archives de la Seine : *Ibid*.

Par contre, cette même année avait vu s'accentuer sérieusement le mouvement révolutionnaire, commencé depuis deux années déjà et qui devait aller en augmentant en 1792 pour atteindre son apogée en 1793.

L'année 1792, qu'il me faut d'abord étudier, présente, au point de vue local, beaucoup de faits importants, presque tous d'ordre municipal. Ils vont fournir à Boudier, bientôt nommé maire, l'occasion de nombreuses opérations, de démarches intéressées, de quelques retentissantes proclamations aux législateurs parmi lesquels, il ne sera pas cependant appelé à siéger.

Les premiers mois de cette année, qui devait être si agitée, s'écoulèrent tranquilles. Le curé assermenté Pierre Morel vaquait à ses occupations paroissiales et était au mieux avec la municipalité. Elle devait lui garder sa confiance jusqu'à la fin de l'année, en en faisant le premier officier de l'état civil qu'ait eu la commune.

Le 4 avril, il baptisait Jean-Nicolas Desjardins, qui avait pour parrain Jean-Nicolas Liouville, lieutenant dans la garde nationale de cette paroisse, et le 6 mai, Marie-Jeanne, fille d'Hyppolite Compoint, capitaine dans la même garde. Le 26 juin, il procédait au mariage de Charles Descoins et de Marie-Anne-Madeleine Bourdin en présence de Louis Mignot, maître d'école, et de Pierre Raget, vigneron, qu'il devait inhumer quelques mois plus tard; assisté de son nouveau vicaire, l'abbé Pailly [1].

1. Archives municipales de Saint-Ouen : *Registres de l'état civil.*

Deux mois auparavant, le 12 août, avait eu lieu l'enterrement de Allain-Melchior Duzillet, âgé d'environ dix-neuf ans, fils de Claude-François Duzillet, chirurgien, en présence de Louis Mercier, laboureur, de Benoît, de Dodé et de plusieurs autres.

L'enterrement dut être civil et comme tel fut probablement le premier enregistré. Ce qui nous fait supposer que les choses se passèrent ainsi, c'est que la signature du curé Morel, aussi bien que celle de son vicaire, manquent au bas de cette déclaration.

Tous les actes de l'état civil étaient alors des actes religieux, régulièrement signés par le curé ou par le vicaire de la paroisse. Dans le cas particulier, on ne voit que la signature des témoins, et chose capitale, nous y relevons pour la première fois celle de Boudier, *maire*. En cette qualité, il eut à accomplir la formalité administrative que le caractère sacerdotal du curé Morel, tout constitutionnel qu'il était, lui interdisait de remplir.

Ainsi donc, brutalement mais d'une façon sûre, nous apprenons que J.-F.-S. Boudier avait été nommé maire de Saint-Ouen.

La révolution municipale, qui aboutit au changement du maire et à celui du Conseil général de la commune, eut lieu dans le courant de mai. Ce fut probablement à la suite du décret de la Convention, promulgué le 8 avril et enjoignant aux municipalités de dresser la liste des biens des émigrés sis dans leurs communes respectives, que la scission se produisit dans le Conseil général de Saint-Ouen.

Le maire François Compoint préféra se démettre

de ses fonctions municipales, plutôt que de dresser une liste forcément erronée de personnages dont la disparition du territoire de la commune ne témoi· gnait pas d'une émigration certaine, à l'exception de celle de Necker.

Le maire se trouvait dans l'obligation ou de faire un faux en écriture, ou de passer pour un ennemi du nouvel état de choses. Ne voulant être ni com- plice, ni suspect, ne pouvant pas en conscience se soumettre aux injonctions gouvernementales, il se démit. Il fut suivi dans sa retraite par ses collègues Nicolas Bourdin, Antoine Lebert, J.-B. Delacroix.

Boudier s'empressa alors de poser sa candidature, et grâce à d'habiles manœuvres fut élu.

Le nouveau Conseil général se trouva ainsi com- posé : maire : Boudier J.-F.-S., marchand de bois ; officiers : Croissant Guillaume-François ; Thomas Dau- nay ; Vallet François ; Raget Pierre-Ouen ; J.-N. Cor- nier.

Dans le nombre des notables : Potel Michel prit la place de François Vallet, nommé conseiller.

Le procureur de la commune J.-B. de la Croix, voiturier, également démissionnaire, avait été rem- placé dans ses fonctions municipales par J.-B. Lebert [1].

Boudier avait gagné à sa cause son concurrent dans le commerce des bois J.-N. Cornier, dont la femme avait été la marraine de sa fille l'année pré- cédente.

La tâche du conseil, ainsi réorganisé, n'allait pas

1. Archives nationales : Q¹ 1050.

toujours être commode ni agréable. Après avoir accompli, sous la pression des événements, certaines opérations comme par exemple l'apposition des scellés sur les biens meubles et immeubles du duc de Nivernais le 19 août 1792, après avoir suivi en rechignant, le maire de Saint-Ouen dans ses démarches officielles à l'Assemblée Législative, la plupart des officiers municipaux se désintéressèrent autant qu'ils le purent des affaires publiques et laissèrent Boudier opérer seul, la plupart du temps.

Il se trouva alors que cet homme peu lettré mais ambitieux, et de plus habitué au commerce, manœuvra avec une grande habileté. Il dressa la liste demandée, dont la confection avait tant embarrassé la conscience droite et simple de Compoint, mais en s'arrangeant de façon à empêcher la vente de tous ces biens, quitte à se réserver la part du lion dans cette spéculation d'un nouveau genre.

La liste parut le 16 juin 1792 fut envoyée aux autorités compétentes et Boudier passa pour avoir sauvé la situation, presque la République, alors qu'en réalité il n'avait sauvé que la sienne, quelque peu menacée par un de ces actes de mouchardise, nombreux alors.

Faisant sienne la formule de Danton « de l'audace, encore de l'audace et toujours de l'audace », il marcha de l'avant et triompha des ennemis du duc de Nivernais et de ses propres ennemis.

Il était le principal locataire des terres de l'ex-seigneurie de Saint-Ouen, dont le duc restait le propriétaire, tout en continuant d'habiter son château de

Saint-Ouen alternativem ent avec son hôtel de la rue de Tournon[1].

Or, le 23 mai 1792, le sieur Moreau qui, disons-le tout de suite à l'honneur des habitants, n'était point de Saint-Ouen, avait dénoncé M. de Nivernais comme membre de ce comité autrichien dont la révélation sera une des causes de la condamnation de Louis XVI. Il était encore désigné comme réunissant dans son château des aristocrates de Paris, et enfin était donné comme un ennemi acharné du nouvel état de choses[2].

Tous ces reproches à l'adresse du duc étaient énumérés dans la longue lettre suivante, adressée à M. Lavergne-Fauchet, député du département du Calvados à l'Assemblée Nationale, protecteur du signataire[3].

Paris, le 23 mai l'an IV de la Liberté.

Monsieur,

Il paraît, d'après la lettre de Louis XVI que, s'il n'est pas le chef du Comité autrichien, du moins il en est membre, car il tient le même langage et veut avoir les mêmes renseignements et pièces de conviction qui sont du comité de surveillance.

Comme à Montmorain, on pourrait aussi par représailles, demander au pacifique et innocent Capet, des renseignements sur M. de Nivernais qui demeure rue de Tournon; on pourrait lui demander pourquoi le monsieur est-il, tous les jours à 8 h. 1/2, 9 heures au plus tard, introduit chez lui, qu'il n'en sort guère qu'à midi, que de là il s'en va à Saint-Ouen où il tient assemblée avec les plus aristocrates de tout Paris, c'est Mᵐᵉ Boisgelin, sœur du chancelier Boüfflers qui est la présidente.

Mᵐᵉ Capet se permet d'aller quelquefois prendre des renseignements à Saint-Ouen.

---

1. Archives nationales : Z² 4168-4169.
2. Alexandre Tuetey, *Répertoire général*, t. VI, p. 28.
3. Archives nationales : D. III, 235.

Si M. Capet pouvait être de bonne foi, il vous dirait que
M. de Nivernais est membre du comité autrichien et un des plus
spirituels, des plus anciens et des plus constants, et qu'il a su
se cacher jusqu'à présent ; il vous dirait aussi que personne
plus que M. de Nivernais, n'est ennemi du nouvel état de
choses.

Surveillez cet homme-là et sa clique de Saint-Ouen, et vous
verrez que c'est à peu près les mêmes acteurs qui jouent la même
pièce à Auteuil et autres lieux.

J'espère aller à Auteuil demain ou après.

Si je peux recueillir quelques renseignements sur les espions
dont je vous ai parlé, je vous en ferai part.

Je remercie, pour moi et ma famille, la majorité de l'Assemblée
Nationale de la fermeté qu'elle a montrée, du courage, de l'union
surtout, et ça ira.

> Je suis votre ami,
>
> MOREAU

Cette lettre, modèle d'une dénonciation en règle,
pouvait être d'autant plus dangereuse pour le nouveau maire, qu'il était mieux au courant des faits
incriminés au duc, qu'il semblait couvrir de son autorité et qui déjà avaient été signalés par le maire de
Clichy, dès l'année 1791[1].

Le 20 juin, à 8 heures du matin, devant nous, Georges Foret,
maire de Clichy... s'est présenté le sieur François Hervieux,
commandant du poste de la garde nationale de cette paroisse...
qui nous a dit que le sieur Boulanger, faisant fonction de senti-
nelle, aurait arrêté le nommé André Charlet, domestique de M. le
maréchal de Beauvaux, venant du Val, paroisse de Saint-Germain, allant à Saint-Ouen, étant à cheval et portant une lettre
adressée à Mme la maréchale de Mirepoix, ou à Mme de Boisgelin,
chez M. de Nivernais à Saint-Ouen, laquelle lettre a été envoyée
sous enveloppe au Comité de recherches de Paris par ledit sieur
Hervieux et un garde national pour accompagner le cavalier et
avons signé :

> FORET

---

1. Archives nationales : D. XXIXᵉ 35.

Le président du Comité des recherches, Lohier, envoya, aussitôt, au président de la municipalité de Paris le billet suivant :

Paris, le 25 juin 1791, à midi un quart.

Vous savez, M. le Président, que la maréchale de Mirepoix, M^me de Boisgelin et M. de Brissac sont à Saint-Ouen, chez M. de Nivernais. Le procès-verbal ci-inclus, vous apprendra d'où vient la lettre cachetée que je renferme aussi sous cette enveloppe. Clichy-la-Garenne voit de mauvais œil les courriers qui circulent, ainsi que me l'a déclaré M. Hervieux, commandant du poste, qui a été chargé de ces deux pièces.

Agréez, monsieur le Président, les assurances du respectueux attachement de notre Comité.

LOHIER, *président* [1].

La clique désignée par Moreau avait augmenté d'une unité, en passant par le Comité des recherches, mais cette « clique », dénoncée dès 1791 par la mairie de Clichy, prenait ses rendez-vous à Saint-Ouen, tenait ses séances secrètes dans le château du duc, et cela se passait à la barbe de Boudier, maire de Saint-Ouen, qui ne bronchait pas.

Boudier, se sentant compromis par la dénonciation de Moreau, va donner des preuves non équivoques de son civisme, en exécutant certaines manœuvres, tantôt habiles, comme celle que nous avons citée et comme d'autres que nous allons voir, tantôt théâtrales, parfois grotesques.

La série de ses exploits habilement commencée va continuer. Sa vigilance ne sera plus prise en défaut, des ordres sont donnés en conséquence. L'occasion

---

1. Archives nationales : D. XXIX^b, 35.

qu'il attendait se présenta plus tôt peut-être qu'il ne le désirait.

Le 9 août 1792, la garde nationale de Saint-Ouen arrête, sur la dénonciation d'une femme, deux députés de l'Aveyron, Nogaret et Molinier, qui traversaient la commune, venant d'une promenade au Bois de Boulogne et se rendant à Montmorency[1]. Boudier s'empresse de prendre les députés sous sa protection et informe immédiatement par lettre l'Assemblée Législative de son exploit[2].

Cette missive, qui malheureusement a disparu, fut lue, le 10 août 1792, par l'un des secrétaires de l'Assemblée, en même temps que fut faite la lecture de la lettre des députés arrêtés et dont la teneur suit :

Monsieur le Président,

Ayant été ce matin, pour nous délasser, déjeuner au Bois de Boulogne, nous étions partis pour revenir à notre poste, lorsque nous avons entendu le canon. Craignant, alors, de ne pouvoir parvenir au lieu de nos séances, nous avons résolu d'aller à Montmorency pour écrire de là à l'Assemblée et obtenir d'elle un sauf-conduit, avec lequel nous puissions gagner notre poste. A notre passage à Saint-Ouen, un propos mal rendu par une femme à laquelle nous avions demandé le chemin, ayant donné de l'inquiétude aux habitants, nous avons demandé aussitôt à parler à M. le maire qui nous a pris sous sa sauvegarde. Nous nous empressons, monsieur le Président, de vous demander le sauf-conduit que nous voulions demander de Montmorency.

Vous verrez, par le procès-verbal de la municipalité, que la femme à laquelle on avait attribué ce propos-là, l'a désavoué dans sa déclaration authentique.

*Signé:* NOGARET et MOLINIER
députés de l'Aveyron[3].

---

1. Archives parlementaires, t. XLVII, p. 656.
2. *Ibid.*
3. *Ibid.*

Le sauf-conduit sollicité fut accordé à nos députés qui jurèrent, mais un peu tard, de ne plus s'aventurer dans un pays qu'ils ignoraient.

Le gouvernement ne tint pas rigueur à Boudier de la maladresse de sa garde nationale. Mais le maire, qui, pour un coup d'essai dans l'exercice de ses nouvelles fonctions, avait presque fait un coup de maître, méditait mieux encore. L'occasion se présenta séance tenante.

Au moment où la garde nationale arrêtait comme suspects, à Saint-Ouen, les députés de l'Aveyron, la journée populaire du 10 août avait lieu à Paris, à la suite du manifeste du duc de Brunswick.

Cet événement excita l'enthousiasme de Boudier et lui parut favorable à une manifestation municipale qui dans son esprit devait rehausser son prestige.

Il fit copier sur une grande feuille de papier blanc, par un scribe à l'écriture élégante, l'emphatique missive qu'on va lire.

Elle est tout à la fois une apologie des faits, une demande de mise en accusation, bien superflue dans la circonstance, une profession de foi républicaine, une supplique adroite, et un compte rendu des opérations exécutées sur l'ordre du gouvernement.

Je ne la donne pas, par exemple, comme un chef-d'œuvre littéraire. *Seul* Boudier apposa sa signature au bas de ce document, tout en prétendant parler au nom de ses collègues et de ses subordonnés[1].

--------

1. Archives nationales, C. 158.

19 août 1792.

Législateurs,

Le Conseil général de la commune de Saint-Ouen-sur-Seine, près Paris, et la garde nationale dudit lieu, malheureusement instruits que, le 10 du présent, le château des Tuileries était rempli de scélérats aristocrates et de leurs agents, pour égorger le généreux peuple, qu'ils gardaient avec le plus grand soin leur idole et voulurent le rétablir sur le trône qu'il a à juste titre perdu, ainsi que les droits usuraires qu'il nous faisait supporter, que cet attentat commis avec cruauté, sur la majesté d'un peuple aussi généreux, les force à vous prier, Messieurs, au nom de la nation violée, vouloir faire ordonner par les jurés un prompt et brief jugement, autant que leur scélératesse le mérite, leur supplice ne ramènera jamais la perte d'honnêtes citoyens péris par leur cruauté.

Nous jurons de nouveau de verser jusqu'à la dernière goutte de notre sang pour maintenir la liberté et l'égalité, nous avons l'honneur de vous représenter, Messieurs, que nous sommes sans armes, et vous prions de nous en faire pourvoir.

Le camp que vous venez de décréter nous fait le plus grand avantage étant à nos foyers et jurons de vivre avec l'intelligence et que la nature commande de faire avec des frères.

Nous avons l'honneur de vous joindre une expédition du procès-verbal d'apposition des scellés apposés au château de M. de Nivernais avec prière de vouloir bien en statuer.

BOUDIER, *maire*.

Ce même jour dans l'après-midi, pour juger de l'effet produit, il se présente en compagnie d'officiers municipaux de Saint-Ouen à la barre de l'Assemblée Nationale où ils sont admis [1].

Le président Ducastel félicite les pétitionnaires et leur accorde les honneurs de la séance [2].

La conduite des officiers municipaux de Saint-

1. Archives parlementaires, t. XLVIII, p. 393.
2. *Ibid.*

Ouen fut l'objet d'une mention honorable de la part de l'Assemblée qui, bien entendu, en échange de cet acte de civisme supérieur, leur accorda non pas les armes qu'ils sollicitaient pour la garde nationale, mais l'autorisation, qui dut être particulièrement agréable à Boudier, de lever les scellés qu'il avait posés le matin même sur les appartements du château de son propriétaire [1].

L'inventaire des meubles et autres objets renfermés dans le château avait été imposé par l'Assemblée à la municipalité, qui devait en outre « faire passer sans délai au Comité de surveillance tous les papiers susceptibles de jeter des lumières sur les grands événements qui excitent en ce moment la vigilance de tous les bons citoyens » [2].

L'apposition des scellés avait été faite sur réquisitoire du citoyen Auxcousteaux, commissaire du gouvernement, le 19 août 1792, lendemain de l'arrestation du duc de Nivernais à Paris.

Le concierge du château, le citoyen Vée, accompagna la municipalité dans ses opérations.

Le résultat ne devait pas être très fructueux, puisque nous voyons les conseillers avouer, qu'après avoir parcouru les différentes chambres et appartements et après « avoir fait toutes les recherches dans toutes les dépendances de la maison, n'avoir rien trouvé de suspect » [3].

Il est vrai de dire qu'ils n'examinèrent pas les

---

1. Archives parlementaires, t. XLVIII, p. 393.
2. Archives nationales, C. 158.
3. *Ibid*.

papiers, dont le conseil constate « n'avoir fait aucune revue », se bornant à remettre au commissaire du gouvernement, les dix clefs des meubles qui les renfermaient [1].

Ils trouvèrent bien « dix fusils et deux paires de pistolets qu'ils déposèrent à la maison commune » [2], mais ces objets ne pouvaient pas être une charge d'accusation contre le duc, son concierge les ayant déclarés à la mairie « lorsqu'a été fait la proclamation de la patrie en danger » [3].

Ce document prouve qu'en fait de vigilance, Boudier n'avait pas perdu son temps, puisque le duc de Nivernais qui avait été dénoncé par Chaumette à la Commune de Paris le 18 août et arrêté le même jour, avait aussitôt été remis en liberté après la manifestation du maire, dictée peut-être par l'amitié de Brissot [4].

La liberté du duc devait être de courte durée. Il subit, peu de temps après, une nouvelle détention d'abord dans son hôtel à Paris, rue de Tournon, puis à la prison des Carmes, où il resta enfermé du 5 septembre 1793 au 22 thermidor an II.

Plus heureux que son parent, le duc de Gesvres, qui porta sa tête sur l'échafaud le 19 messidor an II, il dut, comme beaucoup d'autres, son salut à la chute de Robespierre [5].

Pour le moment, il s'était tiré d'un mauvais pas

1. Archives nationales : C. 188.
2. *Ibid.*
3. *Ibid.*
4. Alex. Tuetey, *Répertoire*, t. II, p. 331.
5. Archives nationales : W°. 409, D. 941.

grâce au maire de Saint-Ouen qui avait, dans sa grandi-
loquente proclamation aux législateurs, fait allusion
à la formation du camp retranché, décidé le 12 septembre 1792 par l'Assemblée Législative, pour protéger Paris contre un coup de force possible.

Primitivement, le camp comprenant 30.000 hommes
devait être installé dans la plaine Saint-Denis, mais
le ministre de la Guerre se ravisant, avait été d'avis
de partager cette armée en deux corps de 15.000
hommes chacun, « l'un établi vers Saint-Maur, l'autre
dans le coude formé par la Seine, autour de Gennevilliers » [1].

Il avait, en vue de cette installation, ordonné
de « construire des fours à Asnières et de prévoir à
l'avance un autre établissement de fours à Saint-Ouen
et Clichy, pour les troupes qui occuperont Belleville
et Montmartre » [2].

Les fours ne furent point construits, et le camp lui-
même ne fut qu'en partie organisé. La discipline y
était fort relâchée, puisque les hommes qui le composaient, « en attendant l'ordre de partir, allaient se
perdre dans les guinguettes de la Courtille » [3]. Pour en
opérer le rassemblement, Santerre fut obligé d'envoyer à Saint-Ouen, le 8 octobre 1792, le 1er bataillon
de la République ou bataillon Coupart [4]. Le camp

---

1. Alex. Tuetey, *Répertoire des sources manuscrites de l'Histoire de
France pendant la Révolution*, t. IV, p. 237, et *Archives historiques de la
Guerre*.

2. *Ibid*.

3. Ch.-L. Chassin et L. Hennet, *les Volontaires nationaux pendant
la Révolution*, t. I, p. 423.

4. *Ibid*.

devait être supprimé peu après, le 20 octobre, par décret de la Convention [1].

Boudier entendait donc vivre en bonne intelligence avec tous, les militaires comme les parlementaires, et il le disait en termes emphatiques, mais dans le goût du jour.

Mis en verve par cette première grande manifestation politique, le maire de Saint-Ouen en tenta une seconde le 6 septembre 1792.

C'était peu de jours après la fermeture des registres pour les enrôlements volontaires dont les opérations avaient commencé vers le 20 août, et dont les résultats devaient être proclamés avec force appareil par la municipalité. Le 6 septembre, dans la personne de Boudier elle fait une deuxième apparition à la barre de l'Assemblée Nationale pour présenter « quinze habitants, dont quatre pères de famille, qui vont partir pour la frontière et qui ont voulu, avant de partir, prêter entre les mains de l'Assemblée le serment de vaincre ou mourir » [2].

La seconde proclamation du maire est plus sobre que la première, plus courte, quoique étant tout aussi habile. Qu'on en juge plutôt par la lecture du morceau :

LÉGISLATEURS,

La petite commune de Saint-Ouen-sur-Seine, jalouse de donner des preuves de son patriotisme et de son dévouement pour la défense de la patrie, vous présente quinze volontaires, dans le nombre desquels sont quatre pères de famille qui vous

---

1. Chassin et Hennet, *les Volontaires nationaux*, t. I, p. 423.
2. Archives parlementaires, t. XLIX p. 393.

recommandent leurs femmes et enfants. Cette commune a fourni, dans le courant de cette année, huit citoyens qui dans ce moment sont à combattre sur la frontière [1].

Le président de la séance, Hérault de Séchelles, applaudit à un si beau zèle et accorde à la municipalité ainsi qu'à ses quinze citoyens, les honneurs de la séance. L'Assemblée ordonne en outre une mention honorable [2].

J'aurais été heureux de publier la liste de ces quinze braves citoyens ; malgré toutes mes recherches, je n'ai pu relever que le nom de Pierre Chalot, âgé de trente-deux ans, ancien caporal de carabiniers qui reprit du service, puisque la patrie était en danger [3].

En présentant ces quinze volontaires, la municipalité eut soin de faire observer à l'Assemblée que la commune de Saint-Ouen avait déjà fourni «dans le courant de l'année, huit citoyens actuellement aux frontières » et dont malheureusement les noms sont demeurés inconnus, à l'exception toutefois de celui d'un des fils de l'ancien maire François Compoint, le citoyen Louis-Nicolas Compoint qui, le 3 fructidor an III, se présentera au greffe de la municipalité de Bains-sur-Seine, pour montrer une prolongation de convalescence pour deux décades, et déclarer « qu'il restera pendant sa convalescence chez le citoyen L.-F. Compoint, son père » [4].

---

1. Archives nationales, C. 167.
2. Archives parlementaires, t. XLIX, p. 393.
3. L. Hennet, *les Volontaires nationaux*, t. III, p. 194.
4. Archives municipales de Saint-Ouen, 1ᵉʳ volume des *Délibérations du conseil.*

Son patriotisme fut certes plus averti que celui d'un autre jeune homme que je ne nommerai pas. Conscrit désigné par le sort il s'empressa, au moment de partir, de donner mille francs « à un sieur Ferdinand François, demeurant à Saint-Ouen-sur-Seine, qui s'est engagé à le remplacer dans les armées de la République [1]. »

La conduite de la municipalité, quoique un peu théâtrale dans la circonstance, était cependant digne d'éloges, mais la malignité publique vit dans la façon d'agir de Boudier autre chose que l'accomplissement du devoir municipal. Sous des dehors patriotiques, le maire de Saint-Ouen fut accusé de ménager surtout sa popularité.

Le 13 septembre 1792, peu de jours par conséquent après sa seconde comparution à la barre de l'Assemblée Nationale, une lettre fut envoyée au président du corps électoral du département de Paris, par le citoyen Le Butié, dénonçant les intrigues de Jacques-Sébastien Boudier.

Le portrait que ce citoyen trace du maire de Saint-Ouen n'est pas beau, je n'ai pas à chercher s'il est conforme à la vérité.

Sa lettre sur papier bleuté où il le dépeint est tellement suggestive que, bien qu'elle soit l'œuvre d'un délateur qui a d'ailleurs le courage de son opinion puisqu'il signe, je n'hésite pas à la mettre sous les yeux du lecteur [2].

---

1. Archives de la Seine. Actes civils. Q₂ 867.
2. Archives nationales. B¹ 20.

Paris le 13 septembre 1792.

Monsieur le Président,

Jacques-Sébastien Boudier, nommé électeur pour la paroisse de Saint-Ouen, ne cesse de cabaler pour se faire nommer député à la Convention Nationale. Cet homme digne d'un souverain mépris est incapable à tous égards de remplir une place aussi importante. C'est un homme noyé de dettes, payant ses créanciers à coups de bâton, qui a ruiné la commune de sa paroisse, qui ne se fait des partisans qu'avec la bouteille. Au reste, Monsieur le Président, qu'on le fasse monter à la tribune et l'on verra qu'il est incapable de dire deux mots de suite, il ne sait ni le latin, ni le français. C'est une pure machine et toujours mal montée; il est parvenu à se faire nommer le maire de son village à force d'intrigues et de moyens indignes d'un honnête homme.

Je suis, avec les sentiments de l'amitié fraternelle, Monsieur le Président, votre très humble serviteur.

Le Butié

Je laisse, bien entendu à l'auteur de la diatribe, toute la responsabilité de son jugement sur Boudier et son œuvre.

Le maire de Saint-Ouen n'en eut probablement cure, puisqu'il continua sans encombre, la série de ses opérations municipales, soutenu sans doute et toujours protégé par Brissot.

Il avait su mettre à profit les solides relations qu'il avait dans le monde parlementaire pour se tirer d'affaires d'abord, pour se faire mousser ensuite, pour rester maire enfin, avec l'espoir, si on en croit cette mauvaise langue de Le Butié, de se faire nommer un jour député.

Il était devenu un des plus riches propriétaires de la commune par les acquisitions successives qu'il

avait faites des biens nationaux et par la location
fructueuse des biens d'émigrés. Son crédit politique
était considérable, mais se sentant faiblement
secondé par son conseil, il chercha et trouva un
auxiliaire sérieux dans un jeune homme de vingt-cinq
ans, nouveau venu dans la commune, G.-D. Crétu.

Grâce à l'influence de Boudier il avait été élu
notable du conseil général aux dernières élections
municipales. Il accompagnera le maire dans toutes
ses manifestations politiques et continuera par la
suite de tirer les marrons du feu que lui, Boudier,
mangera en toute sécurité.

Il était à peine établi à Saint-Ouen comme serrurier, qu'il eut la douleur de perdre son père, le
9 octobre de cette année.

L'inhumation de Nicolas Crétu, décédé à l'âge de
soixante-cinq ans, fut faite avec une certaine solen-
nité, en présence de ses deux fils : Adrien et Gabriel-
Dorothée.

Le curé constitutionnel de Clichy, le trop fameux
citoyen Marie-Barthélemy Le Magnen, présida la
cérémonie funèbre, « après avoir obtenu le consen-
tement de M. le curé de Saint-Ouen », Pierre Morel,
est-il spécifié. Il signa et parapha l'acte d'inhumation[1].

La transcription de cet acte sur le registre déposé
à la sacristie, « pour servir de première minute aux
actes des baptêmes, mariages et sépultures pendant
l'année 1792 », fut l'une des dernières manifesta-

---

[1]. Archives municipales de Saint-Ouen : registres de l'état civil.

tions de l'autorité religieuse en matière d'état civil.

Le 4 novembre suivant, le maire Boudier opéra le transfert des registres paroissiaux au greffe de la municipalité ainsi qu'en fait foi le procès-verbal suivant[1].

> En vertu du décret rendu le 20 septembre, nous maire, à la réquisition du Procureur de la commune, assisté du greffier de notre municipalité, nous sommes tranporté au presbytère de cette paroisse et avons transporté les anciens registres de mariages, naissances et sépultures dans le greffe de notre municipalité et nous avons clos et arrêté le registre courant, ce jourd'hui 4 novembre 1792, l'an I de la République française.
>
> BOUDIÉ, *maire*

On remarquera dans le procès-verbal de transfert, que le mot naissances a été substitué à celui de baptêmes.

La laïcisation des registres de l'état civil fut toutefois incomplète, puisque par une singulière anomalie, le changement de lieu et de titre ne fut pas accompagné de suite d'un changement de scribe. La rédaction des actes de l'état civil demeure confiée aux soins du curé Morel qui signe, il est vrai, Morel, officier public, jusqu'au 18 décembre, où il dévoile sa double qualité de « curé et d'officier public » dans la déclaration du décès de Benoit Dodé, charron[2].

Ce fait important de l'année 1792 avait été précédé de la proclamation de la République le 22 septembre. Elle donna lieu aux inévitables réjouissances populaires qui sont d'autant plus sincères, qu'elles se

---

1. Archives municipales de Saint-Ouen. Registre de l'état civil.
2. *Ibid.*

ressemblent davantage. Boudier les avait savamment organisées, en partie avec ses propres deniers qu'il savait faire valoir, quand sa popularité était en jeu.

Il avait marché plus vite que le précédent maire, François Compoint, dans le chemin de la fortune, à telle enseigne qu'il était imposé au principal des contributions foncière et mobilière pour la somme de 671 francs 8 sols, moitié plus que ce que payait Necker.

L'ancien maire François Compoint, fils d'Ouen, depuis ses dernières acquisitions n'était redevable, comme contribuable, que de la somme de 235 francs 17 sols, Claude Duzillet le chirurgien qui habitait la commune depuis quarante ans, payait seulement au fisc la modique somme de 44 livres 16 sols et tous les Benoit réunis, celle de 2 livres 28 sols [1].

---

1. Archives de la Seine : registre des sommes payées par acomptes sur les contributions foncière et mobilière de 1792.

# CHAPITRE IV

---

Les biens nationaux. — Annonces de mise en vente. — Adjudications. — Adjudicataires. — La question du presbytère.

Le 2 novembre 1789 l'Assemblée Nationale avait décrété que les biens du clergé seraient mis à la disposition de la nation et serviraient d'hypothèques pour quatre cent millions qui seraient lancés dans la circulation sous le nom d'assignats.

Quelques mois plus tard, le 18 mars 1790, un nouveau décret ordonne que ces biens seront vendus au profit de la nation. En conséquence de ce dernier décret, le conseil municipal de Saint-Ouen fut mis en demeure de dresser la liste exacte et complète de tous les biens appartenant au clergé, tant régulier que séculier, situés sur le territoire de la commune[1].

L'opération terminée en fin d'année 1790 avait été retardée par les lenteurs intéressées d'un certain J.-N. Cornier[2].

---

1. Archives nationales : Q¹ 1050-1052.
2. *Ibid*.

Cette longue liste fut envoyée à l'autorité départementale à qui incombait le soin de rédiger les
affiches de mise en vente. Elle fit imprimer trois
grands placards qui, collés aux bons endroits, indi-
quaient minutieusement le détail des opérations [1].

Les ventes les plus importantes devaient se faire
bientôt au chef-lieu du district, à Saint-Denis, une
première fois en septembre 1791 et une deuxième
fois en octobre 1792 [2].

Nous avons vu quels étaient les différents propriétaires des biens nationaux sur le territoire de Saint-
Ouen et à qui ils étaient loués. Leurs domaines furent
rangés sous trois chefs différents correspondant aux
adjudications des 1er, 2 et 5 septembre 1791 [3].

La première annonce de mise en vente comprenait
*quinze* lots dont les biens appartenaient à la fabrique
de Clichy, au titulaire de la chapelle Saint-Georges,
à la fabrique de Saint-Marcel de Saint-Denis, aux
dames carmélites de la rue de Grenelle, aux bénédictins de l'abbaye de Saint-Denis, *à la confrérie de
Saint-Ouen*, aux religieuses carmélites de Saint-
Denis, *à la cure de Saint-Ouen* [4]. L'affiche annonçait également la vente des *remises du roi* situées
en quatre endroits différents, aux lieux dits : la Motte,
la Tombette, le chemin des Épinettes, la Jatte.

Ces remises étaient des taillis de peu d'étendue,
destinés à servir d'abri au gibier des chasses de la

---

1. Arch. de la Seine. District de Saint-Denis, carton 847.
2. *Ibid.*
3. *Ibid.*, carton 847-890.
4. *Ibid.*

capitainerie royale dont les habitants avaient réclamé la suppression dans le premier cahier de leurs revendications locales [1].

Ils s'étaient empressés, dès les premiers jours de la Révolution, d'arracher les arbres et arbustes qui les formaient, voulant ainsi détruire les animaux qui s'y cachaient et dont la retraite était inviolable, au grand détriment des récoltes voisines.

Le bois de ces remises avait été vendu par la municipalité pour la somme de 292 livres [2].

L'adjudication définitive était fixée « au jeudi 1er septembre, 9 heures du matin, à la salle du Conseil, et par-devant Messieurs composant le Directoire du district de Saint-Denis, en présence de deux officiers de la municipalité de Saint-Ouen spécialement désignés à cet effet » [3].

Nous verrons que les délégués municipaux ne manquèrent pas au rendez-vous et qu'il ne furent pas les derniers à s'enrichir des dépouilles des congrégations que l'Assemblée Législative mettait à leur disposition.

Il restait encore à désigner les biens appartenant en propre à *la fabrique de Saint-Ouen*, destinés à assurer certaines dispositions testamentaires.

Leur vente primitivement fixée au 2 septembre 1791 devait être différée d'une année, mais le relevé n'en fut pas moins exécuté immédiatement.

---

1. Archives parlementaires, t. V, p. 100.
2. Archives de la Seine. Vente des biens nationaux, carton 847.
3. *Ibid.*

Le partage comprenait *dix-neuf* lots annoncés également par voie d'affiche [1].

Enfin pour compléter la série, une troisième affiche aussi détaillée et aussi explicite que les deux autres, fut apposée le samedi 20 août 1791, annonçant pour le lundi 5 septembre, l'adjudication des nombreux biens dont les *Dames de Saint-Cyr* étaient propriétaires à Saint-Ouen et qui formaient *sept* lots [2].

Dans le quatrième lot étaient comprises deux maisons : l'une sise Grand'Rue-du-Château, « principal manoir où pendait ci-devant pour enseigne *le Soleil* », louée jadis à Nicolas Trézel qui exerçait la profession d'aubergiste, chez qui les habitants se réunissaient au jour indiqué, pour établir l'assiette des contributions [3], l'autre située dans la grande cour de l'Écu-de-France.

Tel était le libellé alléchant des trois grandes affiches que les citoyens purent lire et commenter, en attendant le jour prochain où ils allaient verser le contenu de leur bas de laine dans les caisses de la nation et devenir ainsi les propriétaires de biens dont jusqu'à ce jour ils n'avaient été que les locataires.

Pour être complet dans la nomenclature des biens nationaux, il me faut encore signaler ceux qui ne devaient être mis à l'encan que plus tard, à la requête de l'agence des domaines, alors que Saint-

---

1. Archives de la Seine. Domaines, district de Saint-Denis, carton 847.
2. *Ibid.*
3. Archives nationales. Bailliage de Saint-Ouen, Z² 4168.

Ouen n'était plus désigné dans les actes administratifs que sous le vocable de Bains-sur-Seine.

L'administration ne procédait plus alors par lots, mais par articles, dans la désignation des biens qui restaient à vendre.

Les uns provenaient du ci-devant *Prieuré de Ville-monble* au lieu dit le Château, les autres avaient appartenu au ci-devant *couvent des Filles-Dieu de Paris*, au lieu dit la Haute-Borne [1].

Restaient encore quelques biens provenant de la ci-devant fabrique de *Saint-Marcel de Franciade*, situés à la Jatte et sur le chemin du Landy affermés par bail à Charles Bourdin et à Denis Binet, vignerons à Bains [2]. Enfin il était question des biens provenant d'une *Donation de Charité* à Bains-sur-Seine dont l'article 5 annonçait : 1° Une maison qui servait d'école de filles et de logement à l'institutrice, sise à Bains au lieu dit le Cul-de-Sac des Sans-Culottes ou la Grande-Cour ainsi détaillée : « Cette maison contient une perche superficielle. Le bas est une salle sans cheminée avec escalier et cabinet clos en planches, une croisée à grands carreaux, volets dehors, une porte vitrée et une porte extérieure de sûreté ; une pièce à cheminée au premier étage en comble, grenier au-dessus couvert en tuiles, ayant égout sur le citoyen Cornier. Au moyen de ce que l'école des filles est portée rue de la Liberté, dans une maison disposée à cet effet, celle-ci est dispo-

1. Archives de la Seine. Domaines, carton 856.
2. *Ibid.*, carton 855.

nible et susceptible de 75 livres de loyer, elle est estimée 1.320 livres ;

» 2° Cinquante perches de terre affermées à Henri Cottin, vers le chemin de Monceaux [1]. »

Enfin les terres provenant de la ci-devant *fabrique de Clichy* étaient rangées sous quatre articles. Elles étaient tenues par les citoyens Charles Bourdin, Claude Dumoutier, Nicolas Vallet, François Bourdin, veuve Chevalier, cultivateurs à Bains [2].

Les biens provenant du *ci-devant domaine royal* connus sous le nom de remise des assises situés aux Épinettes, « sur le chemin pavé de Versailles à Franciade, dit chemin de la Révolte », loués à François Bourdin, formaient le dernier article [3].

Il n'était pas encore question de la vente du presbytère communal qui n'eut lieu que plus tard, sous le Directoire, en l'an V.

Nous venons d'énumérer *grossomodo* les biens à vendre, il nous reste maintenant à parler de la vente elle-même, des péripéties qui l'accompagnèrent et qui, à un moment donné, faillirent compromettre les espérances de certains.

Il semble se dégager de la lecture des procès-verbaux, qu'une certaine entente dût se faire entre tous les acquéreurs des biens nationaux pour leur partage effectif, et on peut en conclure que le rôle des délégués ne fut pas purement officiel.

La vente de tous les lots de la première affiche

---

1. Archives de laSeine : Domaines, district de Saint-Denis, C. 856.
2. *Ibid.*, C. 856.
3. *Ibid.*

eut lieu exactement à la date indiquée. « L'an 1791, le 1er septembre vers les 10 heures du matin, par-devant nous Claude Maillet, vice-président, Barot. Meunier et Cottereau, administrateurs du district de Saint-Denis, en présence de MM. Nicolas Bourdin, premier officier municipal, et Thomas Daunay, aussi officier municipal de la paroisse de Saint-Ouen, M. le procureur-syndic et les sus-nommés assem-blés en la salle dite des Dames faisant partie de la ci-devant abbaye de Saint-Denis, lieu choisi comme le plus commode pour les adjudications, nous avons procédé à la publication, réception d'enchères et remise à l'extinction des feux, au plus offrant et dernier enchérisseur, des terres, propriétés, pos-session et jouissance desdites terres [1]. »

Le total de cette première journée de vente s'éleva à la somme de 69.050 livres, alors que le prix d'esti-mation de ces biens n'était que de 37.788 livres 16 sols [2].

Pour la nation comme pour les acquéreurs l'opé-ration était fructueuse.

Les bénéficiaires de la vente sont : Desdomaines, à la Nouvelle-France; Trouillet, cultivateur à la Chapelle; Fortin à Paris; François Compoint, cultivateur à Bains; Claude Maillet. marchand de fer à Franciade [3].

**Tous les adjudicataires n'agirent pas en leur nom personnel, plusieurs étaient représentés par un avoué**

---

1. Archives de la Seine : Procès-verbaux des véntes: Saint-Denis, carton 847,
2. *Ibid.*
3. *Ibid.*

de Paris, M⁰ Noël, qui opérait à leurs lieu et place et qui, quélques jours après la vente, s'empressa de rendre compte de ses opérations [1] :

> Le 4 septembre 1791, est comparu M. Denis-Nicolas Noël, avoué à Paris qui a déclaré que les adjudications à lui faites par les actes du Directoire du 1ᵉʳ présent mois de septembre... lesquelles font en totalité la somme de 5.200 livres, sont pour et au profit de M. François Compoint, fils d'Ouen, maire et cultivateur de la paroisse Saint-Ouen, y demeurant, lequel ici présent a accepté ladite déclaration et promis payer la somme de 5.200 livres dans les termes et de la manière prescrite par les décrets, et en outre promet d'exécuter les charges, clauses et conditions de l'enchère dont il lui a été fait lecture et du tout acquitté, garantit et indemnise ledit M. Noël. Et ont signé ledit jour 4 septembre, Noël, François Compoint, Maillet, Baras, Meunier, Cottereau, de Faucompret.

Le même avoué déclare encore que les deux adjudications faisant la somme de 2.675 livres sont... pour et au profit de M. Claude Maillet, marchand de fer, demeurant à Saint-Denis.

J'ai tenu à citer cet extrait des procès-verbaux de la vente, pour montrer qu'il n'y avait aucune espèce d'incompatibilité entre les fonctions publiques dont certains personnages étaient investis et la faculté de devenir possesseur de biens nationaux. La seule formalité qui semble leur avoir été imposée était l'obligation de recourir au ministère d'un avoué.

C'est ainsi que tout en conservant chacun son mandat respectif, François Compoint, maire de Saint-Ouen, et Claude Maillet, agent national à Saint-Denis,

---

1. Archives de la Seine : Procès-verbaux des ventes, C. 847.

purent sans inconvénients et peut-être même avec
avantages, arrondir leurs propriétés.

Peut-être d'ailleurs y avait-il eu des accommo-
dements entre le maire François Compoint, brave
homme en somme qui s'empressera de démissionner
sitôt que les événements se précipiteront, et le nouveau curé constitutionnel Pierre Morel, ayant lui-
même tout le premier donné l'exemple de la soumission à la loi, en acceptant la constitution civile du
clergé, ne pouvait trouver mauvais de voir les biens
de la cure changer de propriétaire, conformément aux
décisions de l'Assemblée. Il lui restait d'ailleurs la
promesse d'un traitement national en échange de la
perte qu'il subissait, et la jouissance provisoire des
revenus de la fabrique de Saint-Ouen, dont les propriétés ne devaient pas être aliénées immédiatement.

En effet, le vendredi 2 septembre 1791, il avait
été sursis à la vente de tous les biens spécifiés dans
la deuxième affiche, parce que le procureur-syndic du
département de Paris, par ses lettres du 22 et du
29 août 1791, adressées au Directoire du district, avait
fait observer, « qu'avant de procéder à la vente des
biens de fabrique, il était nécessaire de reconnaître
et de distinguer ceux qui étant affectés à l'acquit de
messes de fondations et autres services pieux, et ceux
qui avaient une autre destination, telle que l'acquittement des frais du culte; qu'il fallait surseoir à la vente
de ces derniers, parce qu'il paraissait que l'intention
de l'Assemblée Nationale était de les conserver » [1].

1. Archives de la Seine : Vente des biens nationaux, carton 830.

Les illusions du procureur-syndic devaient être dissipées quelques mois plus tard. Bientôt il allait être renseigné sur les véritables intentions de l'Assemblée Nationale, mais néanmoins la vente fixée au 2 septembre n'eut pas lieu. Elle ne devait se faire que le 29 octobre 1792.

Les biens de la fabrique étaient sauvés pour une année.

Pareil sort ne fut pas réservé à ceux des ci-devant Religieuses ou Dames de Saint-Cyr, dont la grande salle de la communauté avait été aménagée en salle de vente et dans laquelle, par un singulier revers de fortune, leurs propres propriétés furent mises aux enchères à la date primitivement arrêtée, c'est-à-dire le 5 septembre 1791.

Leurs biens, estimés en chiffres ronds 59.000 livres, furent vendus 115.561 livres à Louis-François Dezobry, marchand farinier à Franciade, Morin Nezon, orfèvre à Paris, Jacques Cadot, marchand de vins à Bains, J.-F.-S. Boudier, cultivateur à Bains, Joseph Trouvé, marchand de vins à Montmarat, Nicolas Aufray, jardinier, Himet à Paris, J.-B. de la Croix, Nicolas Trézel, cultivateurs à Bains, Eustache Compoint, garçon du château à Bains, Trouillet J.-B., Hubert Cottin, cultivateurs à la Chapelle, Hyppolite Compoint, cultivateur à Bains, Narbonne, à Paris, Pierre Guiard, à Franciade [1].

Les opérations fiscales étaient terminées pour cette année 1791 et se chiffraient à la somme de 115.561 li-

1. Archives de la Seine : Domaines, vente des biens nationaux. District de Saint-Denis, carton 847.

vres, accusant ainsi un gros écart entre le prix d'adjudication et celui d'estimation.

Elles ne furent reprises que l'année suivante, le
29 octobre 1792, après que l'Assemblée Législative
eût déclaré ne pas partager les scrupules de la précédente Assemblée Nationale en ce qui concernait les
biens de fabrique. Elle décréta que ce qui restait à
vendre des biens du clergé serait impitoyablement
vendu envers et contre toutes les intentions des dona-
teurs de ces biens et des charges dont ils étaient
grevés [1].

Les fonctionnaires du district n'avaient plus alors
qu'à exécuter les sentences de l'Assemblée et à
reprendre la vente du 2 septembre 1791. Elle fut
d'ailleurs reprise avec un plein succès, nonobstant la
petite révolution politique locale qui s'était opérée
pendant ce laps de temps dans notre administration
municipale.

Le maire, François Compoint, avait donné sa démission dans le courant de l'année 1792 et avait été
remplacé dans ses fonctions municipales par Jacques-
François-Sébastien Boudier.

Cultivateur comme son prédécesseur, le nouveau
maire, qui s'entendait aux affaires, avait déjà fait
d'heureuses spéculations dans la désignation des
biens d'émigrés dont nous aurons à parler par la
suite. Il ne demandait pas mieux que de continuer
à s'enrichir et à donner de nouvelles et indiscutables
preuves de son civisme. Il fut en conséquence l'un

---

1. Archives de la Seine : Minutes des procès-verbaux des ventes,
carton 850.

des principaux acquéreurs des biens de la fabrique de Saint-Ouen, dont la vente fut ordonnée en ces termes :

Le lundi 29 octobre 1792, par-devant nous Bailly, président, Maillet, Barat, Cottereau, Mourier, administrateurs du Directoire, et Béville, procureur-syndic de Saint-Denis, et du citoyen Boudier, *maire de la commune de Saint-Ouen*, assemblés en ladite salle des Dames, faisant partie des bâtiments de la ci-devant abbaye, M. le procureur a dit... que les causes qui avaient donné lieu à cette surséance ne subsistaient plus, au moyen du décret rendu par l'Assemblée Nationale au sujet des biens de fabrique le 19 août 1792... requiert en conséquence qu'il soit procédé à la vente, et avons arrêté que les feux seraient allumés [1].

Les petites bougies réglementaires furent donc allumées et la vente aux enchères commença.

Le procès-verbal de cette vente est curieux à lire à bien des points de vue. Il révèle l'animosité existant entre l'ancien maire François Compoint et le nouveau maire J.-F.-S. Boudier, enchérissant à qui mieux mieux pour l'acquisition des biens nationaux dont l'un et l'autre entendaient avoir la plus large part possible et aux meilleures conditions. Un seul exemple montrera comment les choses se passèrent, à propos de la vente de cinquante-six perches de terres plantées de vignes au lieu dit : le Château, affermées à Michel Froidure. La mise à prix était de 450 livres. « Pendant la durée du premier feu, ces biens ont été portés à 600 livres par le citoyen Compoint. La bougie étant éteinte, il a été procédé au second feu. Pendant sa durée lesdits biens ont été portés à 825 livres par le

---

1. Archives de la Seine : Minutes des procès-verbaux, carton 850.

citoyen J.-F.-S. Boudier, demeurant à Saint-Ouen[1]. ».

En conséquence le Directoire a adjugé au citoyen J.-F.-S. Boudier lesdits biens, dont le paiement se fera conformément à la loi du 16 octobre 1791, savoir la somme de 99 livres dans la quinzaine et le restant en *douze ans* payable d'année en année, et en outre les intérêts des sommes échues à 5 0/0[2].

Cet extrait du procès-verbal montre non seulement la lutte engagée entre deux citoyens dont maints autres exemples pourraient être cités, mais nous indique encore le mode de paiement adopté et c'est surtout pour cela que j'ai tenu à le reproduire.

Un paiement échelonné sur douze années n'a rien de bien onéreux pour un budget, même modeste, surtout quand, par la suite, les temps troublés de cette époque ne permirent pas toujours d'en exiger l'acquittement intégral.

On comprend facilement que les familles, possédant quelques économies ou comptant sur une belle récolte, ne laissèrent pas échapper l'occasion, unique au monde, qui se présentait, de devenir propriétaires.

Aussi la troisième grande vente du 29 octobre 1792 fut-elle reprise avec un plein succès[3]. Elle était exclusivement réservée à la liquidation des biens de la ci-devant fabrique de Saint-Ouen et les acquéreurs nous sont déjà connus pour la plupart. Ce sont : J.-F.-S. Boudier, François-Denis Compoint, Pierre Compoint, Gabriel Vallet, Jean Maître, François Compoint, Louis-

---

1. Archives de la Seine : Procès-verbaux de la vente des biens nationaux, carton 850.
2. *Ibid.*
3. *Ibid.*

François Compoint, Pierre Compoint père, Étienne Legrand et sa femme, tous cultivateurs à Bains, et encore Abélard Lamy, charron à Franciade, J.-J. Grenu, également à Franciade, Jacques Cadot, marchand de vins à la Maison-Blanche de Bains, et enfin Pierre-Valentin Monnot, à Paris[1].

Le total de la vente atteignit 21.050 livres, alors que le prix d'estimation n'était que de 10.070 livres 8 sols[2].

Les résultats étaient encore excellents.

Plusieurs acquéreurs ne se crurent pas d'ailleurs entièrement satisfaits ; l'appétit vient en mangeant, dit-on, de même le désir de posséder augmente avec la possession. Nous les voyons revenir et acheter à chacune des ventes qu'il me reste à raconter et qui, pour des raisons diverses, ne se firent qu'à des périodes assez espacées les unes des autres. Bien que ces ventes soient de peu d'importance comparativement aux précédentes, je crois cependant devoir les signaler à la curiosité du lecteur.

Le 8 mars 1793, la Convention fait vendre ce qui restait des biens que la ci-devant *fabrique de Marcel de Franciade* possédait à Bains[3].

Un premier lot, estimé 9.098 livres, fut vendu en détail 14.450 livres aux citoyens : Claude Maillet, marchand de fer à Franciade, Gauthier, nourrisseur à la Chapelle, et à la citoyenne veuve Geoffroy

---

1. Archives de la Seine : District de Franciade, carton 852.
2. *Ibid*.
3. *Ibid*.

Barré, demeurant à Paris, rue des Fontaines, n° 9 [1].

Le 5 germinal an II, cinquante perches de terre appartenant à la *fabrique de Clichy*, estimées 300 livres, furent vendues 1.125 livres à Pierre Josse, cultivateur [2].

Le 22 thermidor an II, trente-sept perches et demie de terre, provenant de la ci-devant *cure de Saint-Ouen*, estimées 600 livres, sont vendues 1.675 livres à Pierre Thomas, tablettier [3].

Le 29 vendémiaire an III, vente plus importante des terres appartenant à la fabrique de Clichy, au bénéfice de Charles Bourdin, François Bourdin, Nicolas Vallet, Gabriel Vallet, cultivateurs à Bains, et à celui de Pierre Antoine Deschamps, à Franciade [4].

Ce même Deschamp et son comparse Michel Froidure, de Bains, se voient adjugés pour la somme totale de 3.000 livres, les biens de dotation de la Charité, dont les revenus servaient à l'entretien de l'école publique [5].

La maison elle-même fut vendue quelques mois plus tard, le 18 nivôse an III, au tablettier déjà nommé, Pierre Thomas, pour la somme de 7.500 livres après une mise à prix de 2.300 livres [6].

Il y eut encore quelques ventes de moindre importance les 9 et 24 brumaire an III dont profitèrent

---

1. Archives de la Seine : District de Franciade, carton 852.
2. *Ibid.*, carton 855.
3. *Ibid.*, carton 856.
4. *Ibid.*
5. *Ibid.*
6. *Ibid.*

Henri Liouville, J.-F.-S. Boudier, J.-B. de la Croix, Ouen Compoint, François Compoint, J.-F. Régley[1].

Enfin le 25 nivôse an III, Thomas Daunay, cultivateur à Bains, acquit le dernier lopin de terre de la ci-devant cure de Bains, laquelle ne devait pas être épargnée par le Directoire[2].

En effet, deux ans plus tard, le 16 brumaire an V, furent vendues comme domaines appartenant à la nation « deux maisons : l'une curiale, l'autre vicariale, avec un demi-arpent de terre, situées à Saint-Ouen, provenant de la ci-devant cure et fabrique, pour la somme de 4.876 fr. 80 à Antoine-Louis Dragon, ex-receveur des contributions, demeurant à la Villette »[3].

Cette première vente devait être suivie d'une deuxième, le 29 nivôse an IX, à Pierre Majorel, de Paris, et d'une troisième, le 7 prairial an XI, en attendant une quatrième adjudication de ces immeubles, le 22 avril 1807, à un certain Valois qui, le 2 décembre 1829, les cédera à la commune de Saint-Ouen[4].

Le Conseil général, qui par la suite devait amèrement déplorer la perte du presbytère, laissa échapper l'occasion d'acheter à bon compte son vieil immeuble, lors de la vente du 7 prairial an XI.

Il le regrettera surtout, quand l'année d'après, an XII, il sera officiellement sollicité d'en effectuer le rachat « pour y loger le prêtre desservant » et y installer la maison commune[5].

---

1. Archives de la Seine : District de Franciade, carton 856.
2. *Ibid*.
3. Archives de la Seine : Table alphabétique des vendeurs, Q. 896.
4. *Ibid.*
5. Archives de la mairie : *Registre des délibérations*, n° 1.

Malgré les injonctions préfectorales qui demandaient au Conseil de faire l'acquisition du presbytère, il répondit le 28 fructidor an XII que « d'après l'aperçu des comptes, la commune n'a en sa possession aucuns fonds disponibles pour pouvoir avec iceux faire cette acquisition »[1]. Il en reconnaissait néanmoins l'utilité et avait chargé une commission de s'informer du prix de vente demandé par le propriétaire et de « se procurer les fonds nécessaires à cette acquisition », ce qui était plus difficile assurément[2].

Le propriétaire consentait à vendre pour le prix raisonnable de 5.000 francs, mais aucun conseiller ne put trouver, ni ne voulut avancer la somme nécessaire. La question fut donc remise à une date indéterminée[3].

La vente des biens nationaux était enfin terminée en ce qui concerne la commune de Saint-Ouen. Elle avait produit la somme totale de 242.220 livres alors que le prix d'estimation n'était que de 119.448 livres 24 sols.

Nous verrons dans le dernier chapitre que certains propriétaires s'étaient parfois taillé une trop large part dans les terres qui leur revenaient légalement. Lorsque sous le Consulat et sous l'Empire il

1. Archives de la mairie : *Registre des délibérations*, n° 1.
2. *Ibid*.
3. Elle ne devait être solutionnée que le 2 mai 1829 dans la séance où le maire Séraci Lachaume qui déjà avait tant fait à Saint-Ouen, son pays d'adoption, expose au Conseil que la commune « doit faire un effort pour rentrer dans la propriété dont elle n'aurait jamais dû être privée ». Le propriétaire Valois la vendit à la commune pour le prix de 17.000 francs. La moitié de cette somme resta à la charge des deniers communaux, l'autre moitié devant être payée par l'administration préfectorale (Archives de la mairie).

sera procédé à la révision du cadastre, quelques-uns d'entre eux, Boudier en tête, seront appelés à rendre des comptes ou plus exactement à rendre des terres.

La commune de Saint-Ouen sera alors obligée d'intervenir en la personne du nouveau maire J.-B. Poirié pour procéder à un bornage mathématique des propriétés. Cette opération judiciaire fera rentrer dans le domaine communal certaines portions de terres qui, rachetées ou échangées, serviront plus tard, après la disparition de la caisse d'amortissement, à créer ces biens communaux dont la location annuelle connue sous le nom de « vaine pâture » contribuera à alimenter le modeste budget que la confiscation des biens des émigrés n'avait point enrichi.

# CHAPITRE V

———

Le 30 mars 1792, l'Assemblée Législative avait pris un décret qui ne fut promulgué que le 8 avril suivant et qui affectait les biens des émigrés à l'indemnité due à la nation. En même temps elle enjoignait aux municipalités de faire une opération analogue à celle qu'elles avaient déjà faite pour les biens du clergé, en dressant immédiatement la liste des émigrés, de leurs biens, de leurs revenus.

Nous avons dit que cet ordre gouvernemental dut être l'une des causes de la démission du maire Compoint et d'une partie de son conseil. Ce fut en conséquence, à la nouvelle administration municipale, personnifiée dans Jacques-François-Sébastien Boudier, qu'incomba le soin d'exécuter les ordres du gouvernement.

Le nouveau maire était tout qualifié pour donner des renseignements précis sur certains de ces biens dont il était devenu le bénéficiaire. Les renseignements envoyés à Paris étaient connus dès le 16 juin 1792, l'an IVᵉ de la Liberté [1]. Ils devaient être complétés par la suite, le maire ayant peut-être été trop intéressé à ne pas les fournir dans toute leur intégralité.

C'est le résumé de toutes ces opérations, recueillies et conservées dans les registres de la Régie nationale, de l'Enregistrement, Domaines et Droits réunis, que nous allons publier sur l'état de la question.

La liste des émigrés ayant des propriétés à Saint-Ouen comprenait six noms que nous donnons dans l'ordre que nous avons relevé [2].

1º Necker, ex-ministre des Finances, émigré, retiré en Suisse, dans sa propriété de Coppet ;

2º Les descendants et héritiers du ci-devant prince Charles de Rohan-Soubise, pair et maréchal de France, dont était Marie-Louise Rohan-Soubise, ancienne gouvernante des enfants de France, veuve de Gaston-Jean-Baptiste-Charles de Lorraine, ci-devant comte de Marsan ;

3º Barbon Mancini-Mazarini, ci-devant duc de Nivernais, ci-devant seigneur de Saint-Ouen, héritier du duc de Gesvres.

4º Louis-Georges Gougenot, condamné à mort ;

5º Charles-Nicolas-François Brisson, ci-devant conseiller au Parlement de Paris ;

6º Choyon-Lacombe fils, originaire du département de l'Aveyron.

Les trois premiers avaient réellement de grandes propriétés dans la commune, celles des trois derniers étaient quantité beaucoup plus négligeable.

---

1. Archives nationales : Zᵃ 4168.
2. Archives de la Seine : *Sommier des biens et revenus des émigrés.* Reg. 7, p. 66.

Voyons ce qu'il advint de ces « belles maisons »[1], pendant toute la durée de la période révolutionnaire, en nous désintéressant un peu du sort de leurs légitimes possesseurs.

En ce qui concerne Necker, son journal de recettes et de dépenses nous le dit en deux articles assez brefs[2].

ARTICLE PREMIER. — Les meubles garnissant une maison située à Saint-Ouen ont été vendus par Houdet, commissaire du district de Franciade. les 15-16-17-18-19-21-22-23 et 24 messidor an II, suivant le procès-verbal fait par Lagoguée, huissier, demeurant à Franciade, dont le total se monte à la somme de 28.298 livres, lequel en a fait déclaration au bénéfice de l'épouse de M. le Baron de Staël, ambassadeur de Suède, demeurant rue du Bac à Paris.

ART. II. — Une maison consistant en un principal corps de logis et autres bâtiments contigus.

Un parc clos de murs, contenant environ 24 arpents, un jardin potager contenant environ un arpent, une grange et serre et quatre pièces de terre de un arpent, le tout situé à Saint-Ouen provenant de Necker, émigré... affermé pour trois, six, neuf années le 4 ventôse au bénéfice du citoyen Jean-Baptiste Martin, de Saint-Ouen, moyennant......... 1.060 francs par an.

Quelques mois plus tard, le 6 nivôse an II, eut lieu la vente des vins et liqueurs que renfermait la cave, toujours « par le ministère de Jean Houdet, assisté de Jean-Guillaume Lagoguée, huissier, nommé secrétaire, en présence du *maire* de ladite commune de

1. Piganiol de la Force, *Description historique de Paris et de ses environs*, t. IX, p. 453.
2. Archives de la Seine: *Sommier des biens et revenus des émigrés*. Reg. 7, p. 66.

Bains-sur-Seine, nommé également commissaire »[1].
Le produit total de la vente s'éleva à la somme de
1.980 livres [2].

Nous voyons par ces chiffres que la cave du
ministre de Louis XVI était encore assez bien garnie
plusieurs années après son départ pour l'exil. Du
temps de sa toute-puissance, le reste devait être
à l'avenant. Nous comprenons facilement que le
roi prît un certain plaisir à venir dîner chez son
ministre des Finances, malgré qu'il lui plût d'exclure
les femmes des festins qu'il présidait.

Les meubles et la cave furent vendus à des époques
différentes, mais les biens ne le furent pas.

Necker avait pris soin de louer ses propriétés, au
sieur Martin, son concierge.

On peut dire de lui qu'il était un émigré presque
en règle avec les lois, un émigré qui ne l'était peut-
être pas, puisqu'il n'avait jamais opté pour la nation
française. Il était resté Suisse et il avait toujours
servi le roi, sans jamais avoir figuré sur sa liste
civile [3].

Cette situation particulière avait un moment ému
la Convention à qui le cas de Necker avait été soumis par les administrateurs du district de Franciade [4].
Ses biens, après quelques hésitations, n'en furent pas
moins décrétés biens d'émigré et, comme tels, confis-

---

1. Archives de la Seine : Enregistrement de la banlieue. Q 864,
p. 104.
2. *Ibid.*
3. Alexandre Tuetey, *Répertoire des sources manuscrites de l'Histoire de France*, t. VIII, p. 38.
4. Archives de la Seine, *Détail des biens confisqués.* Reg. 7, 2 vol.

qués ; mais en somme aucune exaction, autre que celle
dont nous venons de parler, ne fut exercée contre
eux par les différentes Assemblées gouvernementales
qui se succédèrent.

Necker restera un émigré privilégié, tenant tous
ses privilèges de son ancienne probité, comme
ministre de Louis XVI, de sa nationalité peut être,
et bientôt de l'influence de sa fille, M^me de Staël. Aussi
le voyons-nous obtenir, aussitôt que la chose a été
possible, sa radiation de la liste des émigrés, comme
le prouve la lettre suivante, adressée au directeur de
l'Enregistrement, à Franciade, le citoyen Jouan[1] :

M. Necker, citoyen, vient d'obtenir un arrêté du département
de Paris, du 24 de ce mois, portant que son nom sera rayé de
la liste des émigrés et que le séquestre apposé sur les biens
qu'il possède en France sera provisoirement levé, sauf l'approbation du Directoire. Le bureau du Domaine national a pris, le
4 thermidor an V, un arrêté portant que M. Necker sera provisoirement réintégré dans la possession et jouissance de tous
les immeubles qui lui appartiennent dans l'étendue du département de la Seine, et notamment de deux maisons sises à Paris,
et d'autres immeubles, situés à Saint-Ouen près Franciade,
canton de Clichy, à la charge néanmoins par ledit Jacques
Necker, de payer les frais de séquestre et d'administration et
de ne pouvoir aliéner ni hypothéquer les immeubles, qu'il n'ait
préalablement obtenu du Directoire la radiation définitive de
son nom de toutes les listes d'émigrés. Vous voudrez bien vous
conformer à cet arrêté, en cessant de vous immiscer dans la
régie et la recette des biens appartenant à Necker.

Paris, le 13 thermidor an V.

1. Archives de la Seine : *Sommier des biens et revenus des émigrés.*
Reg. 7, p. 66 n., S.-Denis.

Le compte de l'ex-ministre des Finances était bon. Il était parti, prudemment et à temps, soigner en Suisse ses rhumatismes et mettre sa vie à l'abri des proscriptions de l'incorruptible.

Il avait un bon et loyal serviteur dans la personne du citoyen Martin et une excellente fille dans Mme de Staël qui, mettant à profit l'immunité diplomatique dont jouissait son mari, ambassadeur de Suède, venait fréquemment à Saint-Ouen, allait souvent en Suisse et obtenait toujours facilement pour ses nombreux déplacements un passeport en règle avec la loi, revêtu de toutes les signatures nécessaires, depuis celle de G.-D. Crétu jusqu'à celle de Boudier que le mauvais génie de la politique tourmentait toujours et qui venait de fixer ses pénates à Clichy.

Le curieux spécimen d'avis administratif sur une demande de ce genre qui figure aux pièces justificatives et que j'ai trouvé dans les quelques notes de feu Léopold Pannier, mises à ma disposition avec beaucoup de bonne grâce par son fils, M. Jacques Pannier, a de plus l'avantage de donner le signalement de Mme de Staël.

Sans présenter la précision des fiches anthropométriques de M. Bertillon, ce signalement n'en a cependant pas moins sa valeur documentaire.

Signé et contresigné par toutes les autorités, il devait permettre à Mme de Staël de quitter Saint-Ouen et d'aller en Suisse, sans être inquiétée en cours de route par les sbires du Directoire. Elle pouvait en toute tranquillité aller voir son père dont nous venons de résumer les opérations concernant les biens qu'il possédait à Saint-Ouen.

Quelques années avant sa mort, il vendit sa propriété le 12 vendémiaire an XI — 4 octobre 1802 —
à un industriel parisien, Louis-Étienne Ternaux, demeurant place des Victoires-Nationales, pour la somme
de 80.000 francs [1]. Il en était devenu possesseur le
16 mai 1770 pour la somme de cinquante mille livres
qu'il paya comptant à Jean-Joseph Delaborde.

Necker avait sensiblement agrandi la propriété par
diverses acquisitions de terrains à Descoins, Trouillet,
Eustache, Nicolas et François Bourdin, J.-L. Cornier,
Sébastien Boudier, Liouville, etc. [2]. Il fit arracher les
ceps des vignobles pour créer à leur place le bois, le
parc, les pelouses et l'avenue dont nous avons parlé
dans le chapitre premier [3].

Toutes ces créations sont encore partiellement
visibles. Le temps destructeur n'a pas complètement
changé la beauté ni le charme de la propriété, aujour-
d'hui silencieuse, du premier émigré de marque que
désigna la Révolution.

Le deuxième nom porté sur la liste des émigrés
était celui de Rohan-Soubise dont nous avons déjà
parlé, mort en 1787.

La Régie nationale enregistre de la façon suivante
les opérations concernant la vente de ses biens :

Article premier. — Vente d'une maison située à Saint-Ouen
près Paris, composée de plusieurs appartements, remises, écurie
pour soixante chevaux, maison de jardinier, jardin fruitier et

---

1. Archives de la Seine : Registre des vendeurs, Q 896.
2. Étude de Mᵉ Goupille. Acte de vente de la propriété.
3. *Ibid.*

potager, serre chaude et faisanderie, le tout étant dans la grande rue du lieu.

Lesdits maisons et jardins appartenant à la succession du ci-devant prince Charles Rohan-Soubise, pair et maréchal de France, pour cinq sixièmes et à Marie-Louise Rohan-Soubise, ancienne gouvernante des enfants de France, veuve de Gaston, Jean-Baptiste-Charles de Lorraine, ci-devant comte de Marsan pour un sixième.

Au profit de Jacques-François-Sébastien Boudier, fermier à Saint-Ouen et Marie-Jeanne Trézel, sa femme, en faveur de la somme de trente mille livres, en différents paiements à compter du 9 septembre 1788 [1].

Les propriétés ainsi désignées composaient le Petit Hôtel Soubise.

Nous voyons par ce document que Boudier s'occupait déjà de spéculations avant la Révolution et nous devons reconnaître qu'il réussissait assez bien dans ses opérations puisque le même document que nous venons de citer nous apprend qu'il a cédé les propriétés ci-dessus mentionnées, à la citoyenne Alexandrine-Louise Boutinon-Courcelles, veuve de François-Appollin Guibert, demeurant à Paris, rue de Grammont, 16, moyennant soixante mille francs, par contrat devant Béville, passé le 6 juin 1793 [2].

On peut se demander pourquoi Boudier mit en vente la propriété qu'il avait achetée quelques années auparavant et qu'il habitait en compagnie de sa famille. Il y a dans cette opération plusieurs raisons. Je crois qu'une des principales fut la crainte de passer,

---

1. Archives de la Seine : *Sommier des biens et revenus des émigrés.* Reg. n° 7, p. 66, Saint-Denis.
2. Archives de la Seine : District de Saint-Denis. Reg. n° 7, p. 66.

à la fin, pour suspect, en achetant ou en louant les
biens des ci-devant nobles. Nous avons déjà vu qu'il
avait été accusé presque de complicité lors de la
dénonciation portée contre le duc de Nivernais dont il
était le locataire et dont le château aurait été un
repaire de conjurés [1]. Nous savons encore que l'étoile
du député Brissot, grand ami de Boudier, commençait
à pâlir. L'heure approchait où le qualificatif de brissotin allait presque devenir synonyme de traître à la
République. Je crois donc être autorisé à conclure que
le maire de Saint-Ouen, voyant l'horizon politique
s'assombrir, s'empressa de liquider une situation par
trop compromettante.

L'occasion était bonne à tous points de vue, même
au point de vue pécuniaire, puisqu'il revend soixante
mille francs une propriété qu'il avait achetée trente
mille livres en 1785 et qui n'était point encore inté-
gralement payée.

La République ayant besoin d'argent et Boudier
ne pouvant pas sans doute s'acquitter aussi rapidement qu'il l'eût souhaité, fut forcé par les circonstances à se défaire d'un bien qu'il ne possédait
encore qu'incomplètement et dont la citoyenne Guibert acquitta immédiatement le prix de vente [2].

---

1. Archives nationales : D. III, 235.
2. Cette veuve Guibert est la même que la comtesse de Guibert qui
habita si longtemps Saint-Ouen. C'est elle qui en 1818 fit don à la
commune, en échange d'une cession de terrain, de la somme de
200 francs pour l'érection d'une croix sur la petite place qui précédait l'entrée principale de son château. Elle prit alors le nom de
place du Calvaire, en attendant de devenir la place d'Armes après
les événements de 1830.

A tous points de vue Boudier faisait une bonne affaire[1].

Dans la nomenclature des biens de Rohan-Soubise il y avait un deuxième article qui comprenait une double vente faite le même jour et dont le sieur Potet fut le seul bénéficiaire :

Vente par acte du 23 mai 1789, au rapport de Gaudoin, notaire à Paris, *de la partie du terrain et sol de la grande maison* appartenant à la succession de feu ci-devant prince de Rohan-Soubise, sur laquelle partie sont les cuisines, office, antichambre, salle à manger et salon de compagnie, contenant ladite partie 30 toises de long et 10 de large *sur la rue du Four*, à Saint-Ouen.

Au profit du citoyen Michel-Maurice Potet, tapissier, concierge de la maison dudit feu prince maréchal de Soubise, à Saint-Ouen, en faveur de la somme de quinze cents livres, payables dans quatre mois entre les mains de Latache de Fay, son trésorier[2].

C'est des fenêtres de ce salon de compagnie luxueusement décoré dans le goût du jour par le prince de Soubise, que Louis XV et Mme de Pompadour avaient pu jouir du magnifique feu d'artifice tiré en l'honneur du roi, dans l'île du Chatelier, le mardi 11 octobre 1750, et contempler les splendides illuminations de l'île avec « ses grands ifs de fer-blanc, tout couverts de lampions » que s'évertuait à rallumer un personnel spécial[3]. « Un vent indiscret » soufflait ce soir-là en rafale la plus grande partie du temps de l'illumi-

1. Étude Charpentier : acte de vente.
2. Archives de la Seine : *Sommier des biens et revenus des émigrés.* Reg. n° 7, p. 66, Saint-Denis.
3. Bibliothèque nationale : *Journal de Barbier* publié par La Villégile, t. III, p. 156.

nation et naturellement gâtait la fête que contemplaient de la terrasse du château du duc de Gesvres les dames de la cour, « les petits maîtres et les petites maîtresses », qui n'avaient pas été admis auprès de Sa Majesté, cependant que le peuple de Paris, accouru pour avoir sa part gratuite du spectacle, se mélangeait aux vignerons du village, sur la place de l'Église ou dans les prés de la Saulsaye [1].

Mais pour l'instant le temps des réjouissances était passé et celui des ventes allait continuer.

Nous relevons qu'une autre vente fut faite au même Potet « par acte du 23 mai 1789, de tous les matériaux provenant ou à provenir de la démolition du *Grand Hôtel* de Soubise à Saint-Ouen, à la charge dudit Potet, de payer vingt-neuf mille livres dans un an, en quatre termes » [2].

Quant aux terrains sur lesquels il était bâti à l'endroit désigné sous le nom de « carrefour de la Barre », les héritiers les avaient vendus, « par acte reçu, le 22 mars 1789, chez Gandoin, à Claude Duzillet, chirurgien, avec le jardin, les grilles et portes faisant partie de la clôture, les vases de faïence, marbres, statues, et les murs de clôture, moyennant la somme de 4.500 livres » [3]. Mais il avait été spécifié « qu'étaient exceptés de la vente : 1° la portion de terrain en bordure de la rue du Four,

---

1. Bibliothèque nationale : *Journal de Barbier*, t. III, p. 156-159.
2. Archives de la Seine : *Sommier des biens des émigrés*. Reg. n° 7, p. 66.
3. Archives de la Seine : Domaines : carton 1447.

vendue à Michel Potet ; 2° les bâtiments qu'ils se proposent de démolir » [1].

Duzillet s'empressa de verser au sieur Latache, les 13 juillet et 1er octobre 1789, le prix convenu. Il devait, par la suite, éprouver toutes sortes de déboires, « faute d'avoir pu obtenir des lettres de ratification » de la part des héritiers Rohan Soubise [2].

Les titres de propriété lui seront plus tard contestés et le 3 juillet 1793 il vendra à un certain Pierre Petit, limonadier à Paris, toute la propriété qu'il avait transformée « après avoir dépensé en constructions une somme considérable » [3].

Ce dernier les revendit aussitôt à la citoyenne Guibert qui, le mois précédent, avait acheté à Boudier le Petit Hôtel Soubise.

Elle devint ainsi propriétaire de tout le terrain où, quelques années plus tôt, s'élevait le Grand Hôtel Soubise, qui en réalité ne fut pas complètement démoli par Potet.

Il joignait à sa charge de concierge la profession plus lucrative de tapissier et comptait, pour réaliser la somme de l'adjudication dont il avait été le bénéficiaire, sur la vente du mobilier qui garnissait l'hôtel. Il ne put s'exécuter à temps, par suite de la difficulté de trouver des gens solvables, et dut faire une vente publique pour solder ses dettes, le 5 juin 1793, alors que la Convention, ayant besoin d'argent,

1. Archives de la Seine: Domaines : carton 1447.
2. *Ibid.*
3. *Ibid.*

poussait ses créanciers l'épée dans les reins et, en cas de non-paiement, reprenait les biens d'émigrés qui avaient été vendus.

Le reçu suivant, signé du receveur de l'Enregistrement le 15 fructidor an III, est suffisamment probant :

Reçu du citoyen Michel-Maurice Potet, tapissier à Bains-sur-Seine, la somme de 467 livres 3 centimes (*sic*) pour le restant dû sur le capital de la vente du mobilier de la succession Soubise [1].

S'il ne s'était pas acquitté dans les termes impartis par l'acte de vente, il s'était tout de même honorablement tiré d'affaires.

L'étude de ces documents me semble particulièrement intéressante en jetant un peu de clarté sur certains points assez obscurs jusqu'à ce jour des châteaux de Saint-Ouen dont le plus important appartenait au duc de Nivernais, seigneur du lieu.

Son nom était le troisième inscrit sur la liste publiée plus tard, avec la mention : « Barbon-Mancini-Mazarini ci-devant duc de Nivernais, décédé à Paris le 7 ventôse an VI, rue de Tournon, héritier du duc de Gesvres [2] ».

La nomenclature de ses biens était divisée en sept articles dont voici le détail :

ARTICLE PREMIER. — Une maison principale ci-devant dite le château, parc et jardin, le tout situé commune de Saint-Ouen,

1. Archives de la Seine : *Registres des recettes des émigrés.* C. 856.
2. Archives de la Seine : Saint-Denis. *Détail des biens et revenus.* Registre 1364, p. 55.

contenant environ 75 arpents, dont le citoyen Mancini-Nivernais jouissait.

Art. 2. — La ferme de Saint-Ouen audit lieu, près la maison principale, consistant en un corps de logis, trois pressoirs, granges, volières à pigeons étant au-dessus des portes d'entrée des granges, écuries, étables à vaches et autres bâtiments ;

Plus toutes les terres labourables, prés, luzernes, vignes situés sur le terroir de Saint-Ouen et celui de Clichy, à la réserve d'une pièce de terre et prés situés dans l'avenue du château attenant au potager ;

Plus tous les prés situés dans l'île Saint-Denis, contenant environ 209 arpents, affermés pour neuf années, qui ont commencé à la Saint-Martin 1791, au citoyen Jacques-François-Sébastien Boudier, cultivateur et marchand de bois à Saint-Ouen, et à Marie-Jeanne Trézel, son épouse, suivant acte passé devant Delacour, notaire à Paris, le 9 novembre 1790, moyennant la somme de quatre mille livres par an, payables en deux termes égaux, indemnité de la dîme et de la taille, à raison de 5 livres 10 sols par arpent, soit 1149 livres 10 sols ; plus à charge de fournir la quantité de cent bottes de paille de seigle du poids de 15 livres, plus 10 septiers d'orge, ou 50 livres en argent, le tout par an.

Ledit bail fait par le citoyen Louis-Jules Barbon-Mancini-Mazarini, ci-devant duc de Nivernais, demeurant à Paris, rue de Tournon, usufruitier de la terre de Saint-Ouen, comme l'ayant acquise du ci-devant duc de Gesvres, par contrat passé devant Delacour, notaire à Paris, et son confrère, le 9 novembre 1790.

Art. 3. — Un troupeau de 88 moutons, 20 agneaux et 3 chevaux servant au labourage.

Art. 4. — 34 francs de rente dus par Gabriel Vallet, demeurant à Saint-Ouen, et autres solidaires, suivant le contrat passé.

Art. 5. — Deux pièces de terre contenant environ huit hectares, à Saint-Ouen.

Art. 6. — La terrasse du château louée, sans bail, au citoyen Vée, concierge, moyennant 100 francs par an.

Le jardinier Louis-François jouit du parc et du potager moyennant 400 francs par an [1].

A la lecture de ce document, il est facile de se rendre compte que le duc de Nivernais avait pris les devants, en liquidant pour ainsi dire une partie de la fortune qu'il possédait sur le territoire de la commune, ne se réservant que la jouissance du château et se contentant de toucher les revenus de ses propriétés, tant à Saint-Ouen qu'à Clichy et qu'à l'île Saint-Denis.

Par des baux réguliers il avait loué ses biens et avait eu même l'habileté d'intéresser le citoyen Boudier à sa situation de fortune, en le faisant un de ses principaux locataires [2].

C'est qu'en effet Boudier n'était pas seulement cultivateur et marchand de bois, il était encore spéculateur dans toute l'acception du mot. Il saura acheter, puis revendre avec bénéfice, certains biens provenant de la succession de Rohan-Soubise. Nous le voyons, pour l'instant, locataire des prés du duc de Nivernais, bientôt nous le verrons acheter les récoltes de foin du citoyen Necker [3].

Il faisait flèche de tout bois, et, tout en s'attachant aux grosses affaires, il ne dédaignait pas quantité d'opérations plus modestes [4].

Aussi son crédit prenait chaque jour plus d'importance et le duc lui-même devint son obligé.

1. Archives de la Seine : détails des biens. *Registre des domaines*, n° 1264, p. 55 et suiv.
2. *Ibid.*
3. Archives de la Seine, *Registre des recettes des émigrés*, C. 856.
4. Archives de la Seine : Enregistrement de la banlieue, n° 859.

C'est sans doute grâce à l'influence d'un locataire aussi puissant qu'il peut obtenir du conseil général de la commune de Saint-Ouen, dès le 5 septembre 1791, un certificat de résidence signé par Daunay et Bourdin, officiers municipaux[1]. C'est peut-être encore grâce à cette influence politique, qui ira grandissant, qu'il pourra traverser avec plus de peur que de mal les sombres jours de la Terreur et qu'il devra de ne pas partager le sort d'un de ses parents, Potier de Gesvres. ex-duc et pair de France, condamné à mort par le tribunal révolutionnaire le 18 messidor an II et exécuté le lendemain 19[2]. L'ex-seigneur de Saint-Ouen mourut en effet dans son hôtel de la rue de Tournon, le 7 ventôse an VI[3].

L'amitié d'un grand homme est un bienfait des dieux, dira plus tard l'empereur Alexandre en s'adressant à Napoléon Ier, alors au faîte de sa grandeur ; dans la période troublée que nous racontons, la protection d'un marchand de bois, d'un simple fermier, était alors beaucoup pour un grand seigneur que ne protégeaient plus ses quartiers de noblesse.

Le duc de Nivernais dut peut-être à Boudier la vie d'abord, puis la conservation intégrale de toutes ses propriétés de Saint-Ouen, dont il toucha les revenus jusqu'à sa mort.

Grâce donc à des intelligences très diverses, mais également influentes, les deux plus riches proprié-

---

1. Archives de la Seine : Enregistre mentde la banlieue, R 859
2. Archives nationales : W 409-941.
3. Archives de la Seine : Saint-Denis, Reg. 1264, p. 55.

taires terriens de Saint-Ouen, Necker et Barbon-Mancini, l'un ex-ministre du roi, l'autre ex-seigneur du lieu, n'eurent pas trop à maudire une Révolution qui leur enleva les honneurs rendus par l'ancien régime, mais qui leur laissa la fortune.

Tous les nobles, tous les émigrés ne furent pas aussi favorisés.

De ce nombre était Louis-Georges Gougenot, condamné à mort par jugement du tribunal révolutionnaire [1].

Transporté dans l'une des trop fréquentes et encombrées charrettes que Fouquier-Tinville s'occupait à remplir, en attendant d'y monter à son tour, son exécution passa inaperçue pour tout le monde, sauf pour Samson qui ne faiblissait pas encore à la tâche.

Qu'était-ce donc que le citoyen Gougenot ?

J'ignore si Louis Georges Gougenot était un descendant de l'auteur dramatique, ce que je sais, c'est qu'il avait commis le crime impardonnable d'avoir été attaché au service de Louis XVI, en qualité de « grand maître d'hôtel de quartier près Capet », dit son acte d'accusation, ce qui lui valut d'être exécuté le 29 germinal an II. Il possédait sur le territoire de la commune de Saint-Ouen de nombreuses pièces de terres [2] et comptait au nombre de ses fermiers le citoyen Pierre-Ouen Raget, officier municipal et vigneron à Bains, qui, le 29 messidor an II, vient sponta-

_____

1. Archives nationales : W 348-702.
2. Archives de la Seine : *Sommier des biens des émigrés*. Registre n° 1264, p. 15.

nément déclarer au directeur du district de Franciade « qu'il est locataire de huit arpents de terre,
situés à Saint-Ouen, appartenant au citoyen Jacques
Devarenne, dont est héritier Louis-Georges Gougenot, pour continuation d'un bail de neuf ans, expirés
le 11 novembre, moyennant la somme de cent
soixante-six livres par an »[1]. Il ajoute qu'il doit
l'année échue le 11 novembre 1793 et la courante[2].

Parmi les biens d'émigrés figuraient encore ceux
de Charles-Nicolas Brisson, ci-devant conseiller au
Parlement de Paris[3].

Il possédait vingt arpents de terre sur le territoire
de Saint-Ouen, affermés à Nicolas Trézel, cultivateur,
demeurant à Saint-Ouen, par bail sous seing privé,
passé le 13 avril 1784, pour neuf années.

Puis venaient les biens de Choyon-Lacombe fils,
du département de l'Aveyron, avec onze arpents,
trois quartiers et demie de terres labourables, situés
sur le terroir de Saint-Ouen, aux lieux dits : chemin
du Landy, la Carrière, le Champ à loup, le chemin
du Pressoir, la Fosse aux chiens, les Épinettes[4].

Toutes ces terres étaient affermées au profit de
Louis Mercier, laboureur à Saint-Ouen, moyennant
275 francs par an, payables en un seul paiement au
jour de la fête de Saint-Martin[5].

Il y avait bien encore quelques autres propriétaires.

---

1. Archives de la Seine : *Sommier des émigrés.* Registre 1264, p. 15.
2. *Ibid.*
3. *Ibid.* p. 34.
4. *Ibid.*, p. 94.
5. *Ibid.*

émigrés tels que Péronneau Charles-Louis, ancien substitut du procureur général au Parlement de Paris, et Amelot, ci-devant évêque de Vannes. mais ils n'avaient que peu de biens à Saint-Ouen, en possédant beaucoup ailleurs.

Tel est, dans ses grandes lignes, le relevé des biens d'émigrés qui fut fait par ordre du gouvernement.

Il est juste de reconnaître que si les biens ecclésiastiques étaient nombreux à Saint-Ouen, la noblesse possédait aussi une large part de la propriété foncière. Elle fut d'ailleurs mieux traitée que le clergé. Alors que ce dernier perdait la totalité de ses biens et recevait en compensation un traitement national qui peu après devait être supprimé, la noblesse, grâce à certaines influences que j'ai essayé de mettre en lumière, parvenait à sauver la majeure partie de son patrimoine ancestral.

# CHAPITRE VI

---

Nouveaux titulaires de l'état civil. — Certificats de civisme. — Mort du curé constitutionnel. — Son testament. — Fermeture de l'église. — Inventaire. — Ornements sacerdotaux — Descente des cloches. — A quoi sert l'église. — Bains-sur-Seine. — Nouveaux prénoms. — Nouvelle dénomination des rues.

Les années 1793 et 1794, dont il nous faut aborder l'étude, sont les années du patriotisme à l'extérieur. Vingt-trois enfants de Saint-Ouen, enrôlés comme volontaires dans les armées de la République, peuvent fièrement revendiquer leur part de l'exaltation du sentiment patriotique qui, sous l'impulsion de la Convention, sauva la France de l'invasion étrangère[1]. Mais, hélas ! ces années sont aussi celles de la Terreur à l'intérieur du pays.

Pendant cette trop longue période Saint-Ouen va devenir une énigme. Son nom, le nom de ses rues, les prénoms des enfants seront méconnaissables et parfois incompréhensibles.

La plupart des conseillers laissèrent s'accomplir

---

1. *Archives parlementaires*, t. XLVIII, p. 393.

des actes contre lesquels ils ne pouvaient rien. Ils
abdiquèrent, pour ainsi dire, leurs pouvoirs municipaux entre les mains de quelques-uns, jusqu'au
jour où l'autorité départementale leur fera prendre
momentanément et de force une action plus directe
à la marche des affaires communales.

En sa qualité de maire, Boudier va aller de l'avant
tout d'abord, Boudier dont l'influence demeura sans
limites tant que vécut Brissot, mais qui, après la condamnation à la peine capitale de son ami et protecteur,
le 29 octobre 1793[1], resta discrètement dans l'ombre,
laissant agir son jeune adjoint, Gabriel-Dorothée
Crétu, qui fut l'homme de toutes les besognes, mais
qui, il faut le reconnaître, n'agit que conformément
au mandat dont il avait été investi, puisqu'aussi
bien quelqu'un était nécessaire pour présider aux
destinées de la commune.

Le maire marche le premier comme officier de
l'état civil, aux lieu et place du curé Pierre Morel, dont
les fonctions publiques cessèrent par suite d'un
décret de la Convention, qui excluait les ecclésiastiques des charges administratives.

Le huitième jour de janvier 1793, l'an II de la
République française, à six heures du soir, Jacques-
François-Sébastien Boudier, maire de la commune
de Saint-Ouen, « en l'absence du citoyen Morel qui a
donné sa démission d'officier public en date du 5 du
présent mois, pour dresser les actes destinés à constater les naissances, mariages et décès des citoyens »,

---

1. Archives nationales, W 292-304.

inscrit sur le registre *ad hoc* la naissance de M. J.-S. Serville, en présence de Thomas Daunay, vigneron, et de Louis Mignot, maître d'école [1].

Il ne conserva pas longtemps les fonctions de rédacteur des actes de l'état civil, fonctions assez ternes, sans aucun profit immédiat, et s'empressa de les céder à Gabriel-Dorothée Crétu, membre du conseil général de la commune élu le 10 mars 1793 par l'assemblée communale « pour dresser les actes destinés à constater les naissances, mariages et décès des citoyens » [2].

La rédaction des actes de l'état civil ne gagna pas à ce changement, car si Crétu était zélé et désinté-- ressé, il était en revanche peu lettré. Il estimait sans doute, avec Fouquier-Tinville et quelques autres, que la République n'avait pas plus besoin de littérateurs que de savants et qu'elle pouvait, sans inconvénient, envoyer à la guillotine André Chénier et Lavoisier et se passer des services des Condorcet. Ses scribes ne devaient pas en conséquence faire preuve de plus d'éclectisme dans la rédaction des actes publics.

Mais je m'égare pour l'instant avec le citoyen Crétu et sa littérature. Je reviens donc à mon sujet en signalant les quelques faits saillants que j'ai pu recueillir çà et là.

Les premiers mois de 1793 furent des mois de calme relatif. La seule réforme locale importante à

1. Archives municipales de Saint-Ouen : *Registres de l'état civil*, 1792.
2. Archives de la mairie : État civil, 1793.

signaler est celle de l'état civil, dont nous venons de parler.

Les grands événements politiques qui se déroulèrent à Paris, tels que l'exécution de Louis XVI, le 21 janvier, l'établissement du tribunal criminel extraordinaire, le décret pour le recrutement d'une armée de 700.000 hommes laissèrent la population assez indifférente.

Le décret du 28 mars qui déclara les biens d'émigrés acquis à la nation et parmi lesquels furent compris ceux du ci-devant duc de Nivernais, de l'ex-ministre Necker, de l'ex-maréchal Rohan-Soubise, inquiéta surtout Boudier qui intrigua pour ne pas être trop troublé dans la libre disposition qu'il entendait faire de ces différents biens.

La première mesure vraiment vexatoire qui atteignit tous les habitants, fut l'exécution du décret du 29 mars, qui ordonnait d'afficher aux portes des maisons les noms, âges, qualités et professions de ceux qui y demeuraient.

La seconde qui souleva quelques protestations et dont enfin eut raison l'autorité municipale fut la décision prise par le département de Paris, invitant les propriétaires à inscrire sur leurs maisons les mots : *Unité, Indivisibilité de la République, Liberté, Égalité, Fraternité ou la Mort.*

Pour qui vivait à cette époque, il faut savoir ce que signifiait l'invitation des pouvoirs départementaux d'exécuter ses arrêtés. La moindre résistance était aussitôt punie avec autant de fermeté que la non-soumission aux décrets de la Convention. L'assassinat de Marat par Charlotte Corday, le 13 juillet, augmenta encore les rigueurs départementales qu'aggravèrent les décrets contre les suspects le 17 septembre.

Toute résistance était devenue alors inutile, chacun s'empressait d'arborer à sa coiffure la cocarde tricolore et de se faire délivrer par le Conseil général un certificat de civisme [1].

On vit des citoyens comme le chirurgien Claude-François Duzillet, qui cependant ne pouvait être taxé d'hostilité envers le nouvel état de choses, venir demander au Conseil général de Saint-Ouen, représenté par Boudier et par Gabriel-Dorothée Crétu, le certificat en question, qui lui fut délivré, moyennant le versement préalable *de vingt sols* [2].

On est à se demander si certaines mesures prises par la Convention, comme par exemple celle que nous signalons, obligatoirement imposées aux citoyens, n'étaient pas faites dans un but de lucre plutôt que de déclaration de foi républicaine.

La délivrance de ces certificats était, de plus, subordonnée à toutes sortes de formalités. Ainsi, lorsque le 28 septembre 1793 le vicaire assermenté, François-Antoine Pailly, obtint des officiers municipaux de Saint-Ouen le certificat de résidence et de civisme qu'il sollicitait, il fut encore obligé, le 15 octobre, de le faire enregistrer à Franciade après vérification

---

1. Archives de la Seine : Enregistrement de la banlieu, Q 862, p. 14.
2. *Ibid.*

préalable, datée du 10 octobre, par le *Comité de sur-veillance de Saint-Ouen* [1].

La commune avait son comité de surveillance comme Paris avait le Comité de Salut public. Ses actes, fort heureusement pour la population, ne sont pas aussi sanguinaires que ceux du Comité de Paris. Boudier et Crétu en furent les principaux acteurs, et ils semblent s'être contentés dans leurs fonc-tions de veiller à l'accomplissement des différentes formalités exigées pour la délivrance des certifi-cats, des passeports ou pour l'exécution de tels autres actes administratifs [2].

Il paraît tout d'abord bizarre de voir, dans une petite commune comme la nôtre, fonctionner un pareil comité. La chose s'explique cependant, si on veut bien considérer que les officiers municipaux se désintéressaient la plupart du temps de leurs fonc-tions, ou se reposaient du soin de l'administration locale sur Boudier, mais encore plus sur Crétu qui, pendant toute la Terreur, conserva les fonctions d'officier de l'état civil [3].

Il s'en acquitta avec correction, soit en contresi-gnant les certificats de ses collègues municipaux comme dans le cas du vicaire Pailly, soit en se ren-dant au presbytère comme il va nous l'expliquer [4].

Le 20 août 1793, an deuxième de la République une et indi-visible, par-devant nous Gabriel-Dorothée Crétu ont comparu

1. Archives de la Seine : Enregistrement de la banlieue, Q 861.
2. *Ibid*
3. Archives municipales de Saint-Ouen : État civil, 1793.
4. *Ibid.*

le citoyen Louis Bourdain, demeurant à Épinay, et le citoyen Jean-François-Sébastien Boudier, maire et cultivateur, domicilié en cette commune de Saint-Ouen, m'ont déclaré à moi G.-D. Crétu que le citoyen Pierre Morel, curé de cette commune, est mort à son domicile, âgé de quarante ans. D'après ladite déclaration je me suis sur-le-champ transporté au lieu de son domicile pour m'assurer du décès du défunt Pierre Morel, curé de cette commune, natif de la commune de Clomergangeur, district de Vire, département du Calvados. J'ai rédigé le présent acte que les citoyens Louis Bourdain et le citoyen J.-B.-S. Boudier ont signé avec moi ; fait à la maison commune les jour et an que dessus.

Le curé Morel, dont nous apprenons la mort, était malade depuis quelque temps déjà. Il possédait un certain petit avoir et était doté d'une nombreuse famille qu'il avait laissée au pays natal [1]. Les scellés furent aussitôt apposés sur les meubles et effets dépendant de la succession [2], en attendant la réunion des membres de la famille à qui lecture du testament fut faite le 26 septembre 1793 et dont voici les termes :

Je lègue à Jeanne-Françoise Étienné, ma gouvernante, la somme de deux cents livres. Je veux que mes frères et sœurs partagent également mes biens meubles et immeubles. Je fais remise à Thomas-François Morel, mon frère, des arrérages et intérêts depuis vingt ans de la somme de cent livres qu'il me doit, pour la vente de différents meubles et effets que je lui ai faite. — Je nomme pour mon exécuteur testamentaire le citoyen Louis Bourdain, marchand de bois, à Épinay.

Saint-Ouen, le 11 août 1793 [3].

---

1. Archives de la Seine : Enregistrement de la banlieue, Q 861.
2. *Ibid.*
3. *Ibid.*

Ce testament olographe avait été mis en dépôt aux minutes du citoyen Petit, notaire à Montmartre [1].

Je dois ajouter que les héritiers renoncèrent aux dispositions testamentaires pour s'en tenir aux termes d'un précédent testament passé devant Morice, notaire à Vire (Calvados), en faveur du citoyen Blaise le Roussel, curé de Chaville ou Chavigny, diocèse de Versailles [2].

L'inventaire des meubles et effets eut lieu le 27 septembre et fut estimé valoir la somme totale de onze cent huit livres [3].

Le curé constitutionnel de Saint-Ouen était donc mort quelques mois avant la fermeture de l'église, avant la descente des cloches et leur transformation en monnaie courante, quelques jours seulement avant l'enlèvement des objets en fer tels que serrures, ferrures, que renfermait l'église et qui furent transportés à Paris pour servir à la fabrication des fusils... ou à d'autres usages.

C'est le 25 septembre 1793 (4 vendémiaire an II) qu'eut lieu cet acte de vandalisme qui déjà avait été précédé du transfert à la Monnaie des objets d'or, d'argent ou même de bronze que renfermait le trésor de l'église.

Les objets d'or et d'argent durent prendre le chemin de l'hôtel de la Monnaie, bien que je n'aie trouvé aucune trace de ce dépôt dans les registres

1. Archives de la Seine : Enregistrement de la banlieue, Q 861.
2. *Ibid.*
3. *Ibid.*

spécialement affectés à cet usage, mais certains ouvrages d'art s'égarèrent en route.

Parmi eux se trouvait une châsse-reliquaire en cuivre ciselé, d'une réelle valeur artistique, qui renfermait, d'après la légende admise à cette époque, légende reposant sur une erreur historique, un doigt de l'évêque saint Ouen. Ce doigt, qui passait pour avoir des propriétés thérapeuthiques contre la surdité, était fort vénéré dans toute la région [1]. On venait même d'assez loin en pèlerinage pour invoquer le patron de la localité, et la petite église du village ne pouvait à certains jours, dit-on, contenir la foule accourue de tous les points de l'Ile-de-France pour trouver remède à ses maux.

Ces jours étaient finis et finis pour toujours. Bientôt arrivait l'heure où la Convention, sous l'instigation de l'instituteur Chaumette, allait compléter son œuvre de déchristianisation nationale, en ordonnant la fermeture de toutes les églises de France.

L'arrêté du conseil général de la Commune de Paris, ordonnant la fermeture de l'église, porte la date du 3 frimaire an II. Il fut immédiatement exécuté comme toutes les décisions de la Convention et la petite église du village, qui déjà, comme nous venons de le voir, avait été dépouillée d'une partie de son mobilier et qui venait de perdre son curé constitutionnel, ferma ses portes.

L'inventaire des linges et autres effets, des ornements sacerdotaux et de tout ce qui servait plus spé-

1. Léopold Pannier, *La Noble Maison*, p. 39, en note.

cialement à la célébration des offices, fut fait peu de temps après et d'une façon uniforme dans toutes les églises du district de Franciade [1].

Lesdits effets provenant des ci-devant églises et fabriques, dont le montant total s'éleva à la somme de dix mille neuf cent trente et une livres dix sols, furent apportés dans un des magasins du district de Franciade où ils purent être mis au pillage en toute impunité [2].

L'inventaire de l'église de Saint-Ouen eut lieu le 12 prairial an II, par les soins de Jean Houdet, administrateur du district de Franciade et commissaire nommé par arrêté du Directoire. L'enregistrement des opérations d'inventaire et de dépôt se fit à Franciade, le 27 fructidor an II [3].

Au nombre des objets précieux que renfermait le trésor de l'église Saint-Ouen se trouvaient deux ornements donnés l'un et l'autre à la paroisse, « en souvenir du sacre dans l'église du village, le 6 juin 1728, de très haut et très puissant seigneur Étienne-René Potier de Gesvres, frère du seigneur du lieu » [4]. L'un avait été offert par le nouvel évêque de Beauvais ; il était « rouge, complet, garni de galons d'or fin, avec ses armes. Monseigneur le duc de Gesvres a donné un ornement vert, complet, garni d'un velouté rouge, entre-deux dentelles d'or fin avec ses armes ; outre cela le grand dais qui sert à la pro-

1. Archives de la Seine : Régie nationale. Registre Q 863, p. 180.
2. *Ibid.*
3. *Ibid.*
4. Archives de la mairie : Registre E, n° 6.

cession du Saint-Sacrement, garni de ses pentes de velours avec ses franges en or faux sur soye »[1].

Les ornements sacerdotaux, dont la description est empruntée au registre paroissial conservé à la mairie, avaient donc pris le chemin de Franciade, où ils n'ont laissé eux aussi aucune trace de leur passage.

Nous verrons par la suite ce que deviendra l'église ; il me reste à parler de ses cloches, pour être aussi complet que possible. Nous avons vu qu'elles étaient au nombre de quatre, depuis l'année 1781. Leur descente, ou plutôt la descente de trois d'entre elles, les trois plus grosses naturellement, est un des premiers actes commis par la fureur destructrice de la Convention qui, sous le prétexte de canons à fondre et de gros sous à mettre en circulation, avait arrêté, dès la fin d'année 1792, la destruction des cloches encore existantes et leur transfert à Chaillot, pour la fonte et la conversion du métal en monnaie[2].

Ce décret ne devait pas être exécuté immédiatement à Saint-Ouen. Il fallut, pour que cette loi fût mise partiellement à exécution, qu'un commissaire du Comité de Salut public vint requérir la municipalité, le 18 frimaire an II, d'exécuter sur-le-champ la loi du 29 juillet 1793.

En conséquence de cette sommation, sur quatre cloches que renfermait le clocher, trois d'entre elles furent enlevées. L'opération fut confiée aux soins du sieur Boucault, spécialiste en la matière[3]. Il avait

1. Archives municipales de Saint-Ouen : Registre E, n° 6.
2. A. Tuetey, *Répertoire général*, t. III, p. 281.
3. *Ibid*.

été chargé, dès le 9 août 1791, de la descente des cloches dans le département de Paris pour les paroisses dont la suppression était votée par l'Assemblée Nationale [1].

La paroisse de Saint-Ouen avait été conservée comme succursale de Saint-Denis. La nomination d'un curé constitutionnel retarda peut-être l'exécution des premiers décrets, mais ne put empêcher le désastre final.

Seule la petite cloche fut préservée de la destruction et encore elle ne sortit pas indemne de la bourrasque révolutionnaire. Elle devint l'objet d'une stupide mutilation.

Les révolutionnaires de Saint-Ouen, dit F. de Guilhermy, se sont donné la peine de faire disparaître au ciseau l'inscription gravée au pourtour de la grosse cloche de l'église dont la rédaction leur parut sans doute offensante pour l'égalité [2]. Ils n'ont laissé subsister que le nom du fondeur qui exerça successivement sa profession à Nancy et à Paris [3].

Ce qu'ils laissèrent est ainsi rédigé : *Fait par J.-F. Despois, ancien fondeur de l'Hôtel de Ville de Nancy maintenant de Paris, et son fils, 1781* [4].

Il y a une petite erreur de la part de de Guilhermy quand il parle de la grosse cloche à l'inscription truquée, qui n'est en réalité que la plus petite des quatre

---

1. *Archives parlementaires*, t. XLVII, p. 277.
2. F. de Guilhermy, *Inscriptions de la France*, DLXXII.
3. *Ibid.*
4. *Ibid.*

cloches primitives. Au point de vue artistique, cette cloche présente un réél intérêt avec son Christ en relief qu'a respecté le ciseau destructeur des deux rangées de lettres évocatrices de son origine et de son baptême. Elle est plus belle, quoique plus petite que la seconde cloche, qu'elle a pour compagne dans sa forte charpente en bois, depuis l'année 1830 [1].

Nous savons que l'inscription gravée sur l'ancienne cloche n'avait rien de bien révolutionnaire, que même elle était toute plébéienne, puisqu'elle rappelait que le nom de Saint-Ouen lui avait été donné par la communauté des habitants, représentés lors de son baptême, par les marguilliers Antoine Lebert, Thomas Compoint et Nicolas Bourdin [2].

Je ne crois pas toutefois que l'origine démocratique de cette inscription la préserva toute seule de la tempête. La conservation d'une cloche répondait à une autre utilité qu'à celle d'annoncer les offices religieux, qui d'ailleurs ne devaient pas être célébrés publiquement de sitôt, par suite de la fermeture de l'église et dont le Directoire devait plus tard, lors de la réouverture de l'église, le 6 fructidor an III, défendre l'annonce au son de la cloche.

Depuis un temps immémorial, les cloches, qui

---

1. Cette dernière cloche fut donnée à la paroisse par la Société de construction de la gare d'eau, en reconnaissance de certains avantages de terrains concédés par la commune, mais à condition qu'elle annoncerait à toute volée l'ouverture solennelle du port de Saint-Ouen, ce qui fut exécuté le 25 mai 1830, après avoir été accepté par le conseil municipal le 17 mai 1827. Archives municipales de Saint-Ouen : *Registre des délibérations du conseil*, n° 1.
2. Archives municipales de Saint-Ouen : État civil, 1781.

avaient précédé « la rescapée » de la période révolutionnaire, avaient eu pour mission officielle d'annoncer aux générations disparues, trois fois par jour,
matin, midi et soir, l'ouverture et la fermeture des
travaux des champs. Un crédit spécial était même
affecté au sonneur qui recevait de la commune 75 livres
par an [1]. Le Conseil général de Saint-Ouen fit donc
une concession aux usages locaux, en permettant à
l'une des cloches paroissiales de continuer la tradition
du passé.

Son maintien était encore nécessaire pour appeler
les habitants, en sonnant le tocsin, en cas de sinistre
local ou régional. Elle servait, aussi à la publication des arrêtés gouvernementaux ou communaux,
conjointement parfois avec le son du tambour. Seulement pour que ces appels populaires n'eussent à
l'avenir rien de cléricaux, ni rien de dangereux pour
la République, un énergique grattage enleva, d'une
main malhabile d'ailleurs, les traces d'un passé
abhorré.

Ainsi mutilée la cloche pouvait sonner, sans
crainte de réveiller les échos des superstitions de
l'ancien régime !

Cette mutilation, qui en réalité ne répondait à
d'autre besoin qu'à celui de montrer un excès de zèle
révolutionnaire, est en somme l'un des rares actes
commis contre l'église, qui ne fut ni saccagée, ni
sérieusement endommagée.

Je ne crois pas qu'elle ait souvent été prise comme

--- ---

1. Archives de la mairie de Saint-Ouen : *Registre des délibérations*,
n° 1.

lieu de réunion publique. Elle fut transformée en Temple de la Raison, et le culte décadaire, si cher à Robespierre, devait y être parfois célébré.

Pendant sa fermeture, elle servit surtout de dépôt aux provisions de salpêtre que les agents départementaux allaient chercher dans les habitations particulières, lors des visites domiciliaires [1]. Ce salpêtre subissait ensuite une préparation particulière dans la sacristie dont la voûte avait été percée d'une ouverture pour l'installation d'une chaudière [2].

Ainsi tandis que la sacristie était transformée en laboratoire, l'église ne servait guère que de magasin de dépôt.

Aucun des ornements de sculptures qu'elle pouvait posséder sur son banc d'œuvre, sur ses stalles, sur le tabernacle ou même sur les autels, ne fut l'objet d'une inutile profanation. On peut même affirmer que la période révolutionnaire fut moins funeste à l'église du village que l'occupation étrangère de 1814 et 1815 [3].

La Révolution avait respecté l'horloge qui répondait à une utilité réelle et dont l'existence pouvait s'accommoder des temps nouveaux. Les Alliés, avec

1. Archives municipales de Saint-Ouen : *Registre des délibérations*, n° 1.
2. *Ibid.*
3. Le séjour des troupes alliées ruina le pays et laissa en particulier l'église tellement délabrée, qu'il est difficile « de peindre l'état où elle est restée. Elle était presque détruite par suite des calamités et des horreurs de la guerre », constateront en 1816 et en 1817 nos conseillers municipaux, dont les efforts louables entrepris jusqu'à ce jour pour restaurer leur vieille église demeuraient ainsi anéantis (Archives de la mairie).

leur esprit de destruction systématique, la rendirent momentanément inutilisable, en lui enlevant ses poids et ses rouages qu'ils emportèrent dans leur duché de Brunswick[1].

Je laisse de côté tous ces souvenirs de domination étrangère, aussi barbares que les peuples qui les commirent, pour revenir aux derniers mois de l'année 1793 pendant lesquels des faits moins sauvages, mais non moins abracadabrants, se passèrent à Saint-Ouen.

De même que la cloche, à défaut du son, avait été modifiée au goût du jour, de même le nom de la commune parut trop clérical, trop réactionnaire, dirait-on aujourd'hui, et fut lui aussi gratté, supprimé dans tous les actes administratifs.

Cette réforme, dont l'urgence pouvait être discutable, fut faite le 5 pluviôse an II et suivit de près l'adoption officielle du nouveau calendrier républicain qui eut lieu à Saint-Ouen le 1er frimaire an II[2].

Depuis la lointaine époque où le village, se séparant du territoire de Clichy dont il faisait partie intégrante, prit le nom de Saint-Ouen, la commune avait toujours conservé le nom historique qu'elle a encore aujourd'hui. Mais à cette époque de bouleversement général et d'universelle destruction religieuse ou féodale, ce nom de Saint-Ouen présentait une tare d'origine qu'il importait de faire disparaître.

La ville voisine, Saint-Denis, venait d'ailleurs de

---

1. Archives municipales de Saint-Ouen : *Registre des délibérations*, n° 1.
2. Archives municipales de Saint-Ouen : État civil, 1793.

donner le bon exemple de débaptisation en se dénommant Franciade. Il fallait donc trouver un nom à la place de celui de Saint-Ouen.

Après des recherches qui durent être longues et laborieuses et sur lesquelles je ne suis malheureusement pas fixé, le conseil général de la commune et le comité de surveillance réunis, adoptèrent la dénomination de Bains-sur-Seine dont je renonce à expliquer l'étymologie [1].

La commune devait conserver ce vocable officiel jusqu'en l'an VIII où la raison, faisant un retour offensif avec l'apparition de Bonaparte au pouvoir, eut vite fait de mettre de l'ordre dans les choses, et les gens à leur place.

Nous verrons cependant que cette dénomination, par trop barbare, subira de nombreuses éclipses et que l'habitude, la routine, ou simplement le bon sens, feront bien souvent écrire le vieux nom de Saint-Ouen.

Gabriel-Dorothée Crétu inscrit de sa vilaine écriture le nouveau nom sur les registres municipaux le 30 ventôse an II, en sa qualité d'officier de l'état civil, élu le 3 mars de la précédente année, pour la déclaration de naissance de Juillette (sic) Leguay ainsi prénommée, en l'honneur des événements de juillet [2]. Il a soin d'ajouter qu'il est membre du conseil général de la commune de Bains-sur-Seine ci-devant

---

1. Archives municipales de Saint-Ouen : État civil.
2. Ibid.

Saint-Ouen, précise-t-il, afin qu'on sache ce que écrire signifie [1].

Il dut d'ailleurs s'exécuter de bonne grâce, je dirai presque avec enthousiasme, car il fut un des premiers non seulement à adopter le nouveau vocable, mais encore à donner l'exemple de l'originalité ou du civisme, en prénommant Égalité, son fils né le 1er frimaire an II [2]. Le deuxième qui lui naquit l'année d'après, le 21 pluviôse an III fut plus poétiquement mais tout aussi civiquement nommé Messidor [3].

Inutile d'ajouter que ces noms de circonstance ne furent pas maintenus par la suite et se transformèrent le premier en ceux de Gabriel-Nicolas, le second en Guillaume-Marie. Mais pour l'instant G.-D. Crétu faisait école et, parmi ses premiers imitateurs, il faut ranger un des témoins officiels de tant de déclarations civiles, le citoyen Louis Mignot, instituteur public, domicilié en cette commune qui, l'an second de la République une et indivisible, appelait son fils, Humbert-Thermidor, en l'honneur sans doute du mois où il était né, à la date du 17 [4].

Je puis citer encore parmi les prénoms drôlatiques ceux de Union–Liberté Lebert et celui de Ficelle, donné à une petite fille qui par la suite donna peut-

<hr>

1. Archives de la mairie : État civil, 1793.
2. *Ibid.*
3. Le premier devait rester serrurier comme ses ancêtres, le second devint propriétaire et maire intérimaire de Saint-Ouen, le 21 avril 1871. Le père et le fils furent maires de la commune dans leur extrême vieillesse, l'un et l'autre pour quelques mois seulement et aux époques troublées de notre histoire locale.
4. Archives municipales : État civil.

être du fil à retordre à son cultivateur de père, alors que Vertus Daunay, enfant mâle, fut sans doute un modèle..... de vertus.

Parfois la note patriotique domine la situation avec Bara-Fructidor Bourdon. Quant à la poésie, elle revêt de ses charmes Marie-Jeanne-Floréale Compoint et Marie-Auriette Courbé dont l'association des prénoms unit l'ancien régime aux temps modernes, en attendant le jour très proche où une Marie-Louise-Antoinette Compoint, une Élisabeth Bourdon, nous fassent revivre à la fin de l'an III et dès les premiers mois de l'an IV, les noms de celles qui venaient d'être décapitées sous la dictature de Robespierre [1].

Peu à peu la vogue des anciens noms reprit cours. En l'an IV et suivants, Jean-Baptiste Poirié, adjoint municipal, à qui Crétu avait passé ses pouvoirs d'officier de l'état civil, en attendant que Boudier lui passât à son tour ceux de maire, put écrire dès le 11 pluviôse les vieux noms de l'ancien temps, avec en-tête de l'année 1795, celui de Ouen Leclerc [2].

Les prénoms bizarres avaient cessé de plaire, mais le calendrier de Fabre d'Églantine demeurait toujours en vigueur, comme le nom de la commune, comme les nouveaux noms de ses vieilles rues où il est bien difficile de se reconnaître dans les révolutionnaires dénominations [3].

Je puis cependant affirmer que la Grand'Rue-du-

1. Archives municipales de Saint-Ouen : État civil.
2 *Ibid.*
3. *Ibid.*

Château, aujourd'hui rue Saint-Denis, s'appelait alors rue de Franciade. C'est au numéro 5 qu'habitait Gabriel-Dorothée Crétu[1].

Il y avait encore la rue des Droits-de-l'Homme où demeurait Nicolas Courbe, maçon et garde national récalcitrant, antimilitariste avant la lettre, qui fera du scandale à la porte de l'église, quand, sous la Restauration, la consigne l'obligera d'assister, en service commandé, comme garde national, à une messe anniversaire de la mort de Louis XVI.

Dans la rue des Vertus avait élu domicile Gaspard Rolport, jardinier de son état, et agent national par accident, qui fit d'ailleurs plus de besogne que de bruit.

La rue de la Raison donnait asile, au n° 3, à Thomas Compoint, cultivateur, alors que Thomas Daunay, autre cultivateur, gîtait au 3 de la rue des Bains, à Bains-sur-Seine.

Nous avions encore la rue de la Liberté où s'approvisionnaient les habitants et même la municipalité, chez la veuve Mérillon, qui tenait une boutique d'épicerie-papeterie[2]. Dans cette rue demeurait Claude Dumoutier, alors qu'un autre François Dumoutier restait terré dans l'étroite, tortueuse et montante rue du Four, qui avait gardé son vieux nom, peu compromettant pour la sûreté de l'État, encore qu'il rappelât une servitude féodale, et dans le haut de laquelle, en pleine lumière, le maire J.-F.-S. Bou-

---

1. Archives de la mairie : État civil, 1793.
2. Archives municipales : *Registre des délibérations*, n° 1.

dier avait coulé des jours relativement heureux dans l'ancienne maison des Rohan-Soubise [1].

La rue de Paris avait conservé son nom, mais était peu habitée ; celui du Temple avait été donné à la rue de l'Église, et la trop aristocratique impasse de l'Écu-de-France, où jadis étaient les locaux de l'école, s'appelait fort démocratiquement Cul-de-Sac-des-Sans-Culottes. François Vallet, cultivateur, y logeait [2].

Je crois avoir fait tout le tour de la commune sans m'être trop égaré dans ses rues et impasses.

A lire ces divers noms que le conseil général crut devoir adopter, on se figurerait presque parcourir une cité importante, alors que le recensement de la population, effectué dans le courant d'août 1793, donne le chiffre de 750 habitants [3].

Ce nombre est indiqué en toutes lettres dans la réponse des officiers municipaux de Saint-Ouen à la demande de renseignements de la Convention.

Revenue enfin à des sentiments plus pacifiques, après les tristes jours de la Terreur, elle avait décrété l'unité des poids et mesures. Le gouvernement venait en conséquence d'ouvrir une enquête près des munici-palités, en vue d'accomplir cette heureuse réforme qu'il voulait fort justement imposer à toute la Répu-blique.

---

1. Archives de la Seine : *Sommier des biens et revenus des émigrés.* Reg. n° 7.
2. Archives municipales : État civil.
3. *Ibid. Registre des délibérations,* n° 1.

# CHAPITRE VII

Réponses du conseil général aux questions de la Convention. — La mission Crétu. — Réquisition des conseillers — Jacques Cadot. — Installation des écoles dans le presbytère et la sacristie. — Réorganisation de la garde nationale. — La question des foins. — Police nocturne. — Ban des vendanges. — Prestation du serment de Denis Oger.

Les officiers municipaux Trouillet, Bénard, Denis Compoint, J.-B. Poirié avec le maire Boudier en tête. assistés de l'agent national Rolport et du secrétaire-greffier Henry, s'étaient assemblés le 1er messidor an III (19 juin 1795), au lieu ordinaire de leurs séances. C'était alors une modeste chambre servant à tous les usages municipaux qui avait été mise à la disposition de ses collègues par J.-B. Poirié, dans la maison qu'il habitait, à l'angle de la rue de l'Église et de la rue Dumoutier.

Il s'agissait de répondre au questionnaire du citoyen Guiard, commissaire nommé par le directoire du district de Franciade en date du 25 floréal dernier, « à l'effet de prendre dans notre commune, tous les renseignements possibles, sur vingt-trois questions, relativement à l'établissement uniforme, dans toute la République, de nouveaux poids et mesures, ordonné par la loi du 18 germinal an III » [1].

Nous allons assister au premier grand acte de la vie municipale de Saint-Ouen, mentionné dans le registre pour servir aux « Délibérations du Conseil général de la commune de Bains-sur-Seine, coté et paraphé par premier et dernier feuillets en la Maison commune, le 1er messidor, l'an IIIe de la République, une et indivisible » [2].

Le commissaire départemental ne se contenta pas de poser une série de questions, vaille que vaille, sur l'objet de sa visite, mais prenant son rôle tout à fait au sérieux, fort heureusement pour la postérité, il ordonna l'inscription séance tenante, en présence des conseillers. « Il nous a requis de faire a transcription, sur notre registre, des séries de questions dont il nous a présenté le modèle, ainsi que es réponses que nous allons faire [3]. »

Ces réponses peuvent se résumer en quelques lignes.

Après avoir déclaré que la population est de 750 habitants, les conseillers certifient que les cinq marchands de vin, cidre ou bière débitant au détail, comme les trois marchands grainetiers, regrattiers et fruitiers, et ceux détaillant à l'aune, s'approvisionnent dans les communes voisines, des poids et mesures dont ils ont besoin pour leur commerce.

---

1. Archives de la mairie de Saint-Ouen : *Registre des délibérations*, n° 1.
2. *Ibid*.
3. *Ibid*.

Les marchands se servent de mesures d'étain pour la vente du vin, du cidre et de l'eau-de-vie, et de mesures de fer blanc pour l'huile et le lait.

Le plâtre se vend au sac, contenant deux boisseaux de Paris, le bois se vend à la corde de quatre pieds de haut sur huit de large.

Pour peser la paille et le foin, on se sert de romaines, de balances pour le sel et autres marchandises. Pour les petites pesées, on se sert du poids de marc de seize onces la livre, en fonte.

Ils ajoutent que le vœu de la commune est de voir dans les marchés les poids substitués pour les grains aux mesures de capacité.

Ils spécifient « qu'il n'y a ni orfèvres, ni joailliers, ni artiste distingué dans un genre quelconque de mécanique qui puisse concourir à l'exécution des nouvelles mesures »[1].

La commune ne possède même pas « de buissons de bois propres à la fabrication de chacune de ces mesures, pas plus qu'elle n'a de verrerie ou manufacture de faïence ou autres espèces de poterie en terre, fonte et étain ou toute espèce d'autre métal ». Ils terminent enfin en disant qu'il n'y a pas de boulanger, ni de meunier, ni de droguiste, ni d'apothicaire et que le commerce local, en plus des quelques marchands précédemment cités, comprend un boucher et trois épiciers.

Les réponses étaient à peine transcrites que le conseil et l'agent national arrêtent que le procès-ver-

---

1. Archives de la mairie : *Registre des délibérations*, n° 1.

bal de la séance, revêtu des signatures des membres
présents : Boudier, maire, Trouillet, Bénard, Denis
Compoint, J.-B. Poirié, officiers municipaux, Rolport,
agent national, Henry-secrétaire, greffier, sera envoyé
sur-le-champ au citoyen Guiard, qui, après avoir
apposé lui aussi sa signature au bas de ce document,
s'en alla satisfait des opérations que le citoyen Henry
avait consignées sur son registre tout neuf [1].

Quelques jours plus tard, le 8 messidor, notre secrétaire-greffier est chargé par le conseil de s'entendre
avec les citoyens J.-B. Vaillant, Jean-Louis Lebert,
Pierre-Martin Dangé, l'aîné, Pierre Martin Dangé, le
jeune, tous les quatre gardes champêtres, pour faire
une nouvelle réponse officielle à « un arrêté du
Comité de Salut public qui charge les municipalités de
dresser un compte exact des terres ensemencées » [2].

Le conseil estimait avec raison que pour faire une
bonne réponse à ce nouveau questionnaire, rien
n'égalait la compétence de nos gardes champêtres
qui « plus que tous les autres citoyens, sont à la portée de connaître la quantité, la nature et la qualité
de chaque espèce de grains et autres produits pour
être ensemencés sur le terroir de cette commune [3].

« Le conseil charge également le citoyen Henry de
consulter le citoyen Erroutet sur le recensement des
grains qu'il avait fait et dans lequel il avait reçu la
déclaration partielle de chaque citoyen, du nombre

1. Archives de la mairie de Saint-Ouen : *Registre des délibérations*, n° 1.
2. *Ibid*.
3. *Ibid*.

des arpents de terre qu'ils doivent ensemencer de chaque nature de grains » [1].

Nous voyons, par ce qui précède, que le travail officiel ne chômait pas et que la Convention, qui parfois tâchait de faire de la bonne besogne en économie politique, voulait être renseignée d'une manière certaine sur les multiples besoins du pays par les autorités de chaque localité.

Il est juste de reconnaître que le conseil général de Saint-Ouen seconda les vues du gouvernement en s'entourant de tous les moyens d'investigations dont il pouvait disposer. Du côté gouvernemental comme du côté municipal, il y avait, semble-t-il, un réel souci de bien faire.

Cette deuxième demande de renseignements motiva une réponse municipale fort instructive et tout à l'éloge de la commune, dont les habitants ne laissaient point en friche les terres que, jadis, ils louaient à bail au clergé et dont ils étaient devenus maintenant les propriétaires [2].

Quant aux terres de la noblesse, qui trop souvent effectivement étaient laissées dans un tel état d'abandon qu'il arrachait un cri d'indignation à Arthur Young qui voyagea en France de 1787 à 1789, elles étaient également en bon état d'entretien. J.-F.-S. Boudier, le maire, aurait pu témoigner de la réalité du fait.

Le travail de nos quatre gardes champêtres et du

---

1. Archives de la mairie : *Registre des délibérations*, n° 1.
2. Archives nationales : Q¹ 1050.

citoyen Henry n'était donc pas au-dessus de leurs forces, et leur rapport au conseil dut être ni bien long, ni bien compliqué. Aussi, ce dernier put-il de suite porter toute son attention à s'organiser d'une façon plus sérieuse.

Ce ne fut pas chose facile que de réorganiser le conseil général de la commune. Il y avait tant d'erreurs à redresser, tant de renseignements à fournir à la Convention, tant de responsabilités à encourir peut-être, que personne ne voulait prendre une suite d'affaires particulièrement délicate.

Le maire Boudier et son acolyte Crétu qui, pendant si longtemps, avaient marché de compagnie, ne s'entendaient plus. Le premier restait toujours maire, quant au second, il avait cessé les fonctions d'officier de l'état civil qu'il remplissait depuis le 10 mars 1793. Il n'avait pas signé, le 1er messidor, le questionnaire que la Convention avait envoyé au conseil général.

Crétu n'était cependant pas brouillé avec ses collègues qui, dans la séance de ce jour, le chargèrent d'une mission de confiance, en l'envoyant chez le citoyen Petit, notaire à Neuilly, dépositaire « des minutes et archives de la commune »[1].

Il devait se procurer les titres de propriété et certains renseignements dont le conseil avait besoin pour exécuter les ordres du gouvernement. Le conseil général lui alloua, dans la circonstance, une somme de 10 livres pour l'indemniser des frais de cette mission « vu la cherté des vivres » dont la

_____

1. Archives de la mairie : *Registre des délibérations*, n° 1.

question se posait déjà à cette lointaine époque. Il
fut même voté qu'à l'avenir pareille somme serait
allouée « à chaque commissaire obligé de sortir de la
commune à titre d'indemnité, pour les frais qu'il est
obligé de faire en route » [1].

Mais il était plus facile d'envoyer un commissaire
en mission que d'arriver à constituer un conseil municipal.

Pour sortir d'une situation qui, sans un acte énergique d'autorité, serait demeurée inextricable, le
représentant du peuple, André Dumont, envoyé en
mission par la Convention, dans les départements
d'Oise, de Seine-et-Oise et de Paris, emploie à Saint-
Ouen le moyen qui lui avait si bien réussi partout
ailleurs, et qui avait l'incontestable avantage de trancher, sans phrases, les questions les plus épineuses.
Agissant dans la plénitude de ses pouvoirs, il prend
un arrêté qui rétablit d'office le conseil général. Les
membres ainsi nommés, ne pouvant se démettre,
furent obligés de se soumettre.

Il n'avait trouvé à Saint-Ouen qu'un conseil
fantôme composé de citoyens qui, à l'exception de
Boudier, Crétu, Poirié, Daunay, avaient joué un rôle
des plus effacés. Tous les autres officiers municipaux
ou notables ne demandaient qu'à rester dans
l'ombre d'où les fit sortir, malgré eux, la volonté
d'André Dumont.

L'arrêté qui réintègre la municipalité et le conseil
général de la commune de Bains–sur-Seine dans les

---

1. Archives de la mairie : *Registre des délibérations*, n° 1.

mêmes fonctions que précédemment, fut lu en séance officielle par l'agent national Rolport, le 8 messidor an III [1].

Les noms des membres ainsi nommés bon gré, mal gré sont :

Maire : Jacques-François-Sébastien Boudier.

Officiers municipaux : Pierre-Jean Trouillet ; Mathieu Bénard ; Denis Compoint ; Jacques Cadot et Jean-Baptiste Poirier.

Notables : Jean-Louis Lebert ; Claude Vaillant ; Jean-Jacques Roché ; Charles-Julien Boudier ; Gabriel-Dorothée Crétu ; François Vallet ; Michel Compoint ; Joseph Barthe ; Michel-Maurice Potet ; Pierre Raget ; Thomas Daunay ; Claude Lemaître.

Secrétaire-greffier : François-Joseph Henry [2].

Afin que les membres désignés n'eussent aucune velléité de se soustraire aux obligations qui leur incombaient, et de filer à l'anglaise, comme ils auraient pu le souhaiter, il fut spécifié en réunion publique que : « Les citoyens ci-dessus dénommés étant *en réquisition* pour exercer les fonctions susdites, en acceptant, ont réitéré le serment mutuellement entre eux de fidélité à la République une et indivisible et de mourir à leur poste si le salut de la patrie l'exige [3]. »

Il n'y avait pas à barguigner, le serment draconien fut prêté entre les mains de l'agent national Rolport.

1. Archives de la mairie: *Registre des délibérations*, n° 1.
2. *Ibid.*
3. *Ibid.*

Plusieurs membres du conseil général sont de vieilles connaissances que nous avons déjà eu occasion de voir à l'œuvre. Cinq conseillers assistaient quelques jours auparavant le 1ᵉʳ messidor, à la grande séance où le citoyen Guiard avait posé des questions aussi nombreuses que précises, auxquelles d'ailleurs ils avaient répondu.

Il se trouvait parmi eux une nouvelle recrue dont la profession sera, à l'avenir, un élément obligatoire de tous les conseils qui se succéderont à la maison commune.

Jacques Cadot, le marchand de vins, chez qui Guiard était probablement descendu, entrait au conseil municipal. Il tenait auberge à l'angle de la rue de Paris et de la route de la Révolte, à l'enseigne de *la Maison Blanche*, dont le nom s'est conservé sans interruption jusqu'à nos jours. Il habitait dans un quartier désert alors, une maison qu'il avait achetée, le 25 octobre 1790, de son ami Boudier et où les clients ne manquaient pas, à cause du voisinage de la grande route [1].

Jacques Cadot, aubergiste par métier, n'était point originaire de la localité. Il était né à Aumale et avait alors cinquante ans quand il eut l'honneur ! d'entrer au conseil général de Bains, où il allait jouer un rôle assez important. Il devait par la suite avoir des malheurs conjugaux qui l'obligèrent à divorcer [2].

Je crois que son acte de divorce, daté du 9 germinal an X, est un des premiers, sinon le premier,

1. Archives de la Seine: Table alphabétique des vendeurs, Q 896.
2. Archives de la mairie : État civil.

enregistrés dans la commune. C'est un chef-d'œuvre de simplicité administrative qu'accomplit l'adjoint Jean-Nicolas Cornier.

Mais, pour l'instant, il devait être heureux en ménage et prêta comme ses collègues municipaux, le serment de fidélité à la République qu'il consentait en principe, à servir jusqu'à la mort.

Nous pouvons croire qu'aucun d'eux n'eut à faire le sacrifice de sa vie pour sauver la République. Par la suite, nous verrons que certains s'empresseront de démissionner quand cette démission sera exempte de dangers et qu'il ne s'agira plus alors que de sauver une situation personnelle.

En attendant le jour libérateur où ils seraient au repos, ils allaient à avoir à exécuter une des plus importantes créations de la Convention, qui n'atteindra son plein développement que sous le Directoire, faute des crédits suffisants pour la réaliser aussitôt, je veux parler de l'organisation de l'instruction primaire.

Saint-Ouen possédait déjà une école de filles où l'instruction était donnée gratuitement. Expulsée une première fois de la cour de l'Écu-de-France, par suite de la vente comme bien national de la maison où elle était installée, elle avait continué d'exister dans un local spécialement aménagé à cet usage, rue de la Liberté, ci-devant rue Dumoutier [1]. Elle était alors une école mixte, dirigée par l'instituteur Louis Mignot qui avait embrassé avec enthousiasme les idées révo-

---

1. Archives de la Seine : Domaines; Vente des biens nationaux, carton 856.

lutionnaires. La nouvelle maison où il exerçait sa profession était-elle trop petite, ou trop chère de loyer ? Je l'ignore. Ce qu'il y a de certain, c'est qu'il lui fallut en déguerpir et que le conseil se vit dans l'obligation de chercher un nouveau local pour y installer les écoles communales.

Il ne devait pas chercher longtemps.

Il décida, le 18 prairial an III, d'installer l'école des filles dans la ci-devant sacristie, et celle des garçons dans le ci-devant presbytère [1].

Cette double installation ne pouvait se faire sans quelques réparations motivées, tant par l'abandon des locaux inhabités depuis la fermeture de l'église, la mort du curé constitutionnel et le départ de son vicaire, que par le nouvel usage auquel ils allaient être affectés.

Pour les faire exécuter dans les meilleures conditions possibles de bon marché, « il a été arrêté que les ouvrages de maçonnerie, menuiserie et vitrerie, seraient criés au rabais, décadi prochain, 10 messidor heure de midy » [2].

Le citoyen Benard, en sa qualité d'officier municipal, fut chargé de faire annoncer ladite adjudication « au son du tambour et par voie d'affiche, en cas de besoin ».

Le devis des ouvrages à faire dans le ci-devant presbytère fut évalué à la somme totale de 1.210 livres [3].

---

1. Archives de la mairie : *Registre des délibérations*, nº 1.
2. *Ibid.*
3. *Ibid.*

Parmi ces travaux, je signalerai ceux prévus « pour la réfection de la voûte du caveau de la sacristie qui avait été démolie, pour la construction du fourneau de la chaudière ayant servi à extraire le salpêtre »[1].

Le devis indiquait qu'il fallait aller économiquement. Entre autres détails significatifs, il était spécifié qu'il y aurait lieu de boucher dans la chambre de la tribune, une grande croisée du côté de l'église, pour la transformer en armoire[2]. Des portes devaient également être murées « dont l'une au jardin et l'autre entre le vicariat et le presbytère ». Une ouverture était prévue du côté de la côte pour l'entrée de la petite cour qui est entre le cimetière et l'église[3]. Inutile d'ajouter que les vieux matériaux devaient être utilisés dans la plus large mesure possible et que les portes et les fenêtres enlevées à un endroit ne devaient point être mises au rebut.

L'ouvrage terminé, « les matériaux qui seront de reste, comme moellons ou plâtras, bois et fer, seront portés à la réserve des dalles de pierre qui sont dans l'église »[4]. Il était en outre convenu que le prix de l'adjudication ne serait versé à l'adjudicataire qu'après que son ouvrage « sera faite et parfaite » (sic), et qu'il sera tenu de rendre logeable le local ainsi modifié pour le 1er thermidor prochain »[5].

Un contrôle sérieux devait donc empêcher toute

---

1. Archives de la mairie : *Registre des délibérations*, n° 1.
2. *Ibid.*
3. *Ibid.*
4. *Ibid.*
5. *Ibid.*

espèce d'actes de sabotage, comme on dirait aujourd'hui.

Le conseil général de la commune dans sa réunion du 18 prairial avait décidé qu'en plus des travaux projetés, il serait nécessaire de procéder « à la démolition d'un mur dans la ci-devant sacristie, pour former une salle d'école pour les filles » [1]. Le devis de ce travail supplémentaire avait été présenté par le citoyen J.-B. Poirié, entrepreneur de bâtiments. L'adjudication, conformément à ce qui avait été arrêté, eut lieu le 10 messidor. Il en fut déclaré concessionnaire pour la somme de 358 livres [2].

Le conseil entendait donc faire, à peu de frais, un groupe scolaire peu banal. En abattant un pan de mur dans la sacristie, il aménageait une vaste pièce pour y installer l'école des filles, alors que l'école des garçons était créée d'une façon ingénieuse par un simple rafistolage du vieux presbytère. Il devenait ainsi un local, sinon confortable du moins suffisant, pour y recevoir les enfants jusqu'à ce jour plus occupés à courir les champs qu'à fréquenter l'école.

La question scolaire étant ainsi réglée au mieux des intérêts financiers de la commune, et conformément aux vues de la Convention, le conseil eut encore à exécuter la loi du 28 prairial an III, qui prescrivait la réorganisation de la garde nationale des départements.

---

1. Archives de la mairie : *Registre des délibérations*, n° 1.
2. *Ibid.*

Les citoyens habitants de la commune de Bains-sur-Seine furent donc convoqués par annonce faite au son du tambour, pour le décadi 10 messidor an III, au lieu des séances municipales [1].

Cent vingt-cinq hommes valides se réunirent sous la présidence de J.-B. Poirié. Après avoir prêté le serment de fidélité à la République, tous les citoyens composant l'assemblée élurent au bulletin secret leurs officiers et sous-officiers [2].

« Le président ayant fait la lecture des scrutins, il en est résulté que le citoyen Michel-Maurice Potet a été élu capitaine, ayant réuni la pluralité relative des suffrages, le citoyen Joseph Barthe, lieutenant et G.-D. Crétu, sous-lieutenant.

» Il a été ensuite procédé, en présence de l'assemblée, au brûlement des scrutins qui ont servi aux élections [3]. »

J'ai tenu à citer un extrait de cette page de littérature administrative qui nous montre encore un cas où le peuple faisait ses affaires lui-même, et investissait de sa confiance, par son bulletin de vote, les citoyens qu'il croyait les plus dignes de la posséder. Ce ne sont plus les représentants qui agissent, c'est le peuple lui-même.

Ces hommes étaient d'autant plus intéressés à bien fixer leur choix, qu'ils allaient être sous les ordres immédiats des maîtres choisis par eux, auxquels,

---

1. Archives de la mairie : *Registre des délibérations*, n° 1.
2. *Ibid.*
3. *Ibid.*

le cas échéant, comme nous allons bientôt le voir, ils
devront obéir.

Ces résultats étaient à peine obtenus que le
conseil général de la commune dut se réunir de nouveau et nommer les citoyens Poirié et Rolport, pour
aller *de visu* se rendre compte de l'état de la récolte
des foins de l'ex-ministre Necker, dont les biens
étaient sous séquestre en sa qualité d'émigré, mais
dont certains revenus appartenaient à la nation[1].
Après enquête la vente des foins fut remise à une
date ultérieure et confiée aux soins du citoyen Martin,
« connu par son zèle et par son civisme »[2].

La récolte des foins était toujours mise en adjudication, chaque année, par le citoyen Houdet, administrateur du district de Franciade, de façon à
faire le plus d'argent possible. Le produit de la vente
variait naturellement avec la quantité et la qualité
de la récolte. Tantôt ce total montait à la somme
de « 503 livres comme le 22 prairial an II où
le citoyen J.-F.-S. Boudier fut déclaré adjudicataire
de la récolte de foins du jardin et de la maison
confisquée sur Necker émigré », tantôt au contraire, comme le 18 messidor an V, il n'atteindra
que la somme de 40 livres qui, il est vrai, sera payée
en numéraire par J.-B. Martin, concierge de la maison, adjudicataire à son tour[3].

Mais qu'il fût adjudicataire ou non, il devait tou-

1. Archives de la mairie : *Registre des délibérations*, n° 1.
2. *Ibid.*
3. Archives de la Seine : *Registre des Recettes des émigrés*, Q 857.

jours soigneusement mettre de côté le produit de la vente, et « tenir un registre de la récolte et de la dépense et rendre compte au conseil de ses opérations et aussi à qui il appartiendra »[1]. Sur ce point encore aucune tricherie ne semblait possible, et un contrôle rigoureux était exercé sur tous les actes publics des citoyens.

Dans le cas particulier, le Conseil ne faisait qu'exécuter les ordres du Directoire du district de Franciade, mais au besoin il était capable de prendre les mesures que comportait la situation.

Le 1er thermidor an III, il publie un des premiers arrêtés de police municipale, pour empêcher le pillage nocturne des récoltes contre lequel les quatre gardes-champêtres étaient impuissants.

Il arrivait même parfois que dans leurs fonctions de gardiens des propriétés, ils étaient rossés de sérieuse façon, comme jadis les chevaliers du guet, ce qui pour des gardes-champêtres est le comble de l'infortune.

Ému de leur malheureux sort, et faisant droit à leurs réclamations « le conseil leur donne du renfort en créant une patrouille de douze hommes pour faire nuitamment des tournées dans la plaine »[2].

Ce service de surveillance était obligatoire et aucun des citoyens désignés pour l'accomplir ne pouvait s'y soustraire « sous peine d'être condamné

1. Archives de la mairie : *Registre des délibérations*, n° 1.
2. *Ibid*.
3. *Ibid*.

à une amende de 10 livres la première fois, de
25 livres la seconde fois, et sous peine d'être traité
comme mauvais citoyen et ennemi de l'ordre et de
la chose publique » [1].

Le règne des tireurs au flanc n'était donc pas
encore venu, mais il arriva ce qui devait arriver
avec nos quatre gardes-champêtres qui, las d'être
battus et toujours mécontents, démissionnèrent le
19 thermidor.

A cette date J.-B. Vaillant, Pierre-Martin Dangé
l'aîné, Antoine Lebert et Pierre-Martin Dangé le
jeune, nommés gardes-champêtres par le conseil
général de la commune le 20 floréal an III, ont
déclaré en séance du conseil « ne plus vouloir exercer leur fonction » [2]. Malgré les pressantes sollicita-
tions de plusieurs citoyens, ils persistèrent dans leur
refus [3].

On a beau s'appeler Vaillant, et à plus forte raison
quand on se nomme Danger, la crainte des dangers véritables peut demeurer présente à l'esprit, et
je ne pense pas qu'aucun homme cherche à s'y
exposer de gaieté de cœur.

La nouvelle garde nocturne devait être exclusivement formée par les habitants « possédant des
vignes, sur le terroir de la commune » [4], ce qui
paraît juste, mais ce qui semble excessif, c'est qu'aux
approches des vendanges, la garde devait être de

1. Archives de la mairie : *Registre des délibérations*, n° 1.
2. *Ibid*.
3. *Ibid*.
4. *Ibid*.

vingt-quatre heures consécutives, et aller de 6 heures du matin au lendemain à la même heure, sous peine d'encourir les sanctions précédemment indiquées [1].

Ce règlement policier par trop draconien ne fut guère observé malgré la surveillance des agents départementaux, et nous allons voir bientôt la garde nationale être obligée d'assurer elle-même, et par ordre, une surveillance que les autorités locales étaient incapables d'exercer.

La bonne volonté des gardiens n'était souvent pas plus remarquable que l'entente des habitants, quand il s'agissait de trancher d'un commun accord des questions purement locales et sur lesquelles aucune divergence de vue n'aurait dû, semble-t-il, exister.

Quand il fallut, à la fin de l'an III, le cinquième jour complémentaire, fixer la date exacte de l'ouverture des vendanges, les habitants avaient été convoqués à la Maison commune, pour voter sur cette question. Quarante-deux hommes seulement répondirent à l'appel de la municipalité et votèrent. Il y eut 25 voix pour l'ouverture le lundi 7 vendémiaire et 17 voix pour le jeudi 3 vendémiaire an IV [2].

Avant d'examiner les événements de l'an IV, il me reste à dire comment fut appliquée à Saint-Ouen la loi du 11 prairial an III, concernant l'exercice de la religion catholique ; loi qui rendait les églises au culte, en imposant à ses ministres l'obligation de prêter un nouveau serment.

1. Archives de la mairie : *Registre des délibérations*, n° 1.
2. *Ibid.*

La seule allusion directe à l'application du présent décret est tout entière dans les quelques lignes suivantes : « Aujourd'hui, 6 fructidor an III de la République une et indivisible, est comparu au greffe de la municipalité le citoyen Denis Oger, lequel a déclaré qu'il se propose d'exercer le ministère d'un culte connu sous la dénomination de catholique, dans l'étendue de cette commune, et a requis qu'il lui soit donné acte de sa soumission aux lois de la République. De laquelle déclaration, il lui a été décerné acte, conformément à la loi [1]. »

Le citoyen Oger, qui se présentait en août 1795, pour succéder au curé Morel, décédé le 20 août 1793, et dont la place n'avait point été occupée, par suite de la fermeture de l'église durant deux années, était probablement l'un de ces nombreux religieux dont la communauté avait été dissoute et qui erraient à l'aventure, en quête d'une situation quelconque. Il venait de Paris où il demeurait, rue Lazare, n° 993, section de la place Vendôme [2].

Nous le retrouverons plus tard, le 6 nivôse an V, prêtant, devant le maire J.-B. Poirié, un deuxième serment, dont la formule avait encore une fois changé avec le nouveau gouvernement.

---

1. Archives de la mairie : *Registre des délibérations*, n° 1.
2. *Ibid.*

# CHAPITRE VIII

---

Journée du 13 vendémiaire an IV. — Répartition des contributions. — Élections municipales. — Indemnité à l'institutrice. — Réclamations. — Nominations dans la garde. — Adjudication de la perception des contributions. — La citoyenne Barreau. — Contraventions. — Prestation de serment de Urbain Leducq, Berteau, Etienne Allen, prêtres catholiques. — Renfort aux gardes-champêtres. — Le bachotage des terrains communaux. — Comptes municipaux.

Les réformes que la Convention voulait accomplir et qui eurent un écho dans la commune étaient terminées. Elle-même allait disparaître le 4 brumaire an IV, pour céder la place au Directoire, à qui incombait le soin de mettre en vigueur la Constitution de l'an III et de compléter la série des réformes d'ordre administratif principalement, ébauchées par le précédent gouvernement.

Peu de jours avant sa disparition, se produisit à Paris l'émeute du 13 vendémiaire qui, tout en décidant de la fortune du général Bonaparte, mit fin momentanément aux émeutes populaires dont la capitale avait trop souvent été le témoin et parfois la victime.

Cette journée eut dans la commune son retentissement qui est ainsi relaté :

« L'an IV de la République, une et indivisible, le 13 vendémiaire, le conseil général de la commune de Bains-sur-Seine, instruit que la commune de Paris était à l'instant en révolution, s'est déclaré le conseil en permanence jusqu'au retour de la paix, l'union et la concorde des habitants de la commune de Paris, et après avoir entendu le procureur de la commune, le conseil général a arrêté qu'il serait envoyé un réquisitoire au capitaine de la garde nationale de cette commune, pour qu'il commande sur-le-champ ladite garde en masse, pour le maintien de l'ordre et de la tranquillité publics, pour le respect des personnes et des propriétés [1]. »

Cette réquisition est un des derniers actes municipaux signés par le maire Boudier. Sa présence aux séances va désormais être de plus en plus rare, au fur et à mesure que seront prises certaines décisions dont il devra subir les conséquences.

J.-B. Poirié va par contre être très assidu aux réunions du conseil municipal, aux destinées duquel il sera bientôt appelé à présider, de par la volonté populaire et conformément aux dispositions de la nouvelle Constitution.

L'année 1796, ou plus exactement l'an IV, pourrait être appelée l'année des répartitions, des réquisitions, des réclamations. Il va en pleuvoir de tous côtés.

---

1. Archives municipales : *Registre des délibérations*, n° 1.

Dès le 13 brumaire, le citoyen Henry est chargé par le conseil de faire la répartition des contributions foncières, conformément à la lettre d'avis du directoire du district de Franciade et au mandement en dégrèvement de ces mêmes contributions pour les années 1792 et 1793.

Une somme de 550 livres prise sur les deniers départementaux lui était allouée pour l'exécution de ce travail[1].

L'année commençait bien pour les habitants et pour notre secrétaire-greffier. Elle allait bien continuer en laissant aux contribuables la faculté de payer leurs nouvelles impositions non plus en argent, mais en nature.

Le 15 du même mois, les citoyens Potet et Cadot, l'un et l'autre officiers municipaux, sont chargés par la municipalité, en qualité de commissaires, de faire une enquête chez les habitants, pour connaître ceux qui possèdent du foin, de façon à pouvoir fournir la quantité de 250 quintaux, en vue d'assurer le contingent assigné au département de la Seine par la loi du 7 vendémiaire an IV[2].

L'enquête devait être menée à bonne fin et le 16 nivôse, l'impôt de 250 quintaux de foin, assigné à la commune pour assurer la subsistance des chevaux des armées de la République, fut réparti entre les citoyens : Nivernais, Sébastien Boudier, Necker, Chambry, Nicolas Trézel, Louis Mercier, François

---

1. Archives de la mairie : *Registre des délibérations*, n° 1.
2. *Ibid*.

Compoint, Jean-Baptiste de La Croix, Potet, Pierre
Compoint, Gabriel Vallet, Louis-Antoine Cornier,
Hyppolite Compoint, Guillaume Compoint, Michel
Compoint, Étienne Legrand, Thomas Daunay [1].

La part contributive de la commune avait donc été
rapidement établie grâce aux visites domiciliaires
des commissaires nommés par le conseil, dont l'un
Michel Potet était capitaine de la garde nationale.

Ils avaient su prendre les mesures nécessaires pour
empêcher la vente des foins afin d'en faciliter plus
rapidement la quote-part à fournir par chacun. Cette
quote-part était d'autant plus difficile à établir, que
la plupart des cultivateurs de la commune ne possédaient que du foin de luzerne, et encore n'avaient-
ils que la quantité tout juste suffisante pour les
besoins de leurs animaux domestiques ! Heureusement que les réserves en foin de pré étaient abon-
dantes dans les maisons Necker et Chambry, mais
comme leurs biens étaient sous séquestre, il fallait
une autorisation pour en disposer. Le conseil demanda
et obtint cette autorisation et de suite 96 quintaux de
foin devinrent disponibles [2].

Immédiatement des ordres furent donnés aux
citoyens Martin et Buchette, gardiens des maisons de
Necker et de Chambry, avantageusement connus
l'un et l'autre pour avoir fourni des preuves non
équivoques de leur civisme, « de continuer à prendre

---

1. Archives de la mairie : *Registre des délibérations*, n° 1.
2. *Ibid.*

soin de la récolte et de ne livrer à d'autres personnes, que par ordre de la municipalité et pour le compte de la République » [1].

Comme il fallait aussi aviser aux moyens de transport de ces provisions fourragères, le conseil « requiert en outre les voitures des citoyens Nivernais, Nicolas Cornier, Louis Meunier, Nicolas Trézel et Jean-Baptiste Lacroix pour le transport aux magasins militaires de la Briche » [2].

Et c'est ainsi que quelques ci-devant contribuèrent, à leur insu, à tirer d'embarras les habitants de Saint-Ouen, en fournissant la quantité de foin qui leur manquait, pour « assurer la subsistance des chevaux attachés au service des armées de la République ».

Quoi qu'il en soit, le conseil général de Bains et ses commissaires avaient parfaitement manœuvré dans cette circonstance. Le conseil devait en partie ce succès à Jean-Baptiste Poirié qui avait été élu, pour remplir les fonctions nouvelles d'agent municipal, le 15 brumaire an IV.

Les citoyens habitants de la commune de *Saint-Ouen* (*sic*) se sont réunis en assemblée générale, en exécution de l'article 37 de la loi du 19 vendémiaire an III, et conformément à l'article 28 de la Constitution de l'an III, par annonce et affiche à la manière accoutumée, à l'effet de nommer un agent municipal et son adjoint :

L'assemblée formée sous la présidence du citoyen J.-B. Poirié, chaque citoyen ayant mis son bulletin dans un vase placé sur le bureau à cet effet, et le dépouillement fait d'iceux, il en est résulté que le citoyen J.-B. Poirié ayant réuni la majorité absolue des suffrages, a été élu agent municipal.

1. Archives de la mairie : *Registre des délibérations*, n° 1.
2. *Ibid.*

Il a été de suite procédé à la nomination, de la même manière que dessus, de l'adjoint municipal, le citoyen Gabriel-Dorothée Crétu[1].

La composition du conseil municipal était donc modifiée une nouvelle fois, ses pouvoirs et son initiative s'en trouvèrent considérablement réduits.

J.-B. Poirié nous est déjà presque aussi connu que Crétu.

Homme calme et tranquille, il s'était prudemment tenu à l'écart jusqu'à ce jour, comme la plupart de ses concitoyens, mais par sa situation de fortune et par la considération dont il jouissait, il était tout désigné pour remplir les nouvelles fonctions municipales qui lui étaient dévolues de par la volonté populaire. Sans doute lui aussi avait profité du nouvel état de choses, mais tout en améliorant sensiblement sa situation, il avait su rester maître de lui, évitant l'emballement juvénile de Crétu et la rapacité calculée de Boudier. Il tenait le juste milieu entre ces deux natures et était tout indiqué pour diriger les affaires communales, suivant les indications du gouvernement directorial, qui entendait bien sur ce chapitre rester le seul juge et le seul maître de la situation.

J.-B. Poirié peut être donné comme le modèle du parfait fonctionnaire, soumis, honnête, consciencieux, exécutant sans discuter, sans rechigner les ordres gouvernementaux, exerçant par ailleurs sur

---

1. Archives de la mairie : *Registre des délibérations*, n° 1.

Crétu, son subordonné, une influence qui sera heureuse en résultats.

Il ne faudrait pas croire cependant à la disgrâce complète de Boudier dont, à vrai dire, certaines exactions avaient considérablement affaibli l'autorité et diminué le crédit. S'il n'était plus maire de Saint-Ouen, c'est que la Constitution de l'an III avait supprimé la fonction mairiale dans les petites communes, afin de fortifier, de centraliser l'autorité dans les chefs-lieux de canton. Si donc Boudier s'obstine à signer encore une fois ou deux, en qualité de maire, il n'en avait plus le droit n'en ayant plus le titre.

Pourquoi n'osa-t-il pas affronter les suffrages des électeurs dans cette journée du 15 brumaire an IV qui fit triompher J.-B. Poirié et G.-D. Crétu? C'est probablement à cause de la certitude d'un échec. La peur de l'électeur fut, dans le cas particulier, le commencement de la sagesse.

Comme don de joyeux avènement à des fonctions municipales qu'il devait conserver sans discontinuité jusqu'à sa mort, J.-B. Poirié commença à faire voter une indemnité à la citoyenne Debize, institutrice communale. A vrai dire, l'indemnité qu'elle réclamait fort justement, dans le mémoire présenté par elle au conseil et dont la lecture fut faite le 27 brumaire, n'était que la légitime rétribution de son travail. Elle y exposait « qu'elle avait enseigné depuis sept mois les enfants qui ont assisté à son école et qu'elle n'avait reçu aucun traitement et qu'elle invitait l'assemblée à lui accorder une indemnité » [1].

1. Archives de la mairie : *Registre des délibérations*, n° 1.

Le conseil prit en considération la demande de la
citoyenne Debize en lui accordant « à titre d'indemnité provisoire à prendre sur les fonds de la commune, la somme de 700 livres »[1].

Le premier acte de J.-B. Poirié était donc un acte
de justice. Dans cette même séance, il fut encore
donné lecture « des lois et décrets de la Convention »,
dont la plupart ne devaient pas recevoir une exécution immédiate. A peine promulgués, la municipalité apprit « par la voix des journaux »[2] qu'il y avait
lieu de surseoir à leur exécution, à l'exception toutefois de celle du 4 brumaire relative à l'établissement
« d'une taxe extraordinaire de guerre pour l'exécution
de laquelle le conseil général a nommé à l'unanimité
le citoyen Sébastien Boudier, maire, afin de percevoir
ladite contribution, comptant sur son zèle, pour remplir exactement la commission »[3].

Boudier était absent de la séance où le conseil
l'investissait de sa confiance en lui reconnaissant
ses capacités financières que plus tard il fera encore
valoir.

Mais, il se réservait pour lui-même le soin, sous la
présidence de J.-B. Poirié, de répartir entre les cultivateurs de la commune, les 30 quintaux de grains
assignés pour son contingent, par arrêté du département de la Seine[4].

Cette répartition se fit le 28 brumaire, à 5 heures

---

1. Archives de la mairie : *Registre des délibérations*, n° 1.
2. *Ibid.*
3. *Ibid.*
4. *Ibid.*

du soir, sur réquisition du citoyen Soutoul, commissaire du ministre de l'Intérieur, délégué dans le ci-
devant district de Franciade pour faire exécuter la
loi du 22 brumaire qui ordonne le prélèvement de
250.000 quintaux de grains en nature, en compte
sur la contribution foncière, et fixait la part contributive locale à 30 quintaux qui furent répartis
entre les citoyens Boudier, Trézel, Mercier, Claude
Lemaître, François Compoint, Gabriel Vallet, Jean-
Baptiste Lacroix, Nicolas Cornier, Louis-Antoine
Cornier, veuve Augustin Lacroix, Louis-François
Compoint, Pierre-Ouen Raget, Hyppolite Compoint,
Guillaume Compoint, Michel Compoint le jeune,
Claude Vaillant le jeune, François Bourdin, Thomas
Compoint [1].

La présente répartition fut aussitôt notifiée aux
cultivateurs qui durent s'exécuter de bonne grâce,
« dans les trois jours prévus par la loi, sous peine
d'encourir les pénalités prévues, et sous la surveillance de la municipalité qui devait, jour par jour et
par écrit, rendre compte, au département et au commissaire du pouvoir exécutif logé à Franciade à
l'auberge de l'Arbalète, des mesures prises pour
l'exécution des lois » [2].

Cette nouvelle répartition était à peine terminée que la municipalité se voit assaillie de deux
demandes d'argent.

La première émanait de la citoyenne veuve Méril-

---

1. Archives de la mairie : *Registre des délibérations*, n° 1.
2. *Ibid.*

lon,épicière,qui, le 16 frimaire, réclame le paiement
« des marchandises qu'elle a fournies en papiers,
chandelles, cire et autres » pour le compte de la commune[1]. La seconde réclamation était faite par le citoyen
secrétaire-greffier Henry, dont les fonctions communales n'avaient pas été mieux rétribuées que celles
de l'institutrice[2].

Le conseil général ne payait pas ses fonctionnaires
ni ses fournisseurs, pour la simple raison qu'il n'avait
pas d'argent dans ses caisses.

Comme cette situation ne pouvait pas toujours
durer, il décida, le 16 frimaire, pour y mettre fin et
pour payer ses dettes, « de faire une demande au
district de Franciade, de ce qui est dû du restant des
charges locales de 1793 et de celles des trois quarts de
l'année 1794[3]. Il nomme, en conséquence, le citoyen
J.-B. Poirié commissaire des comptes à liquider[4].

A partir de cette date 16 frimaire, le rôle de
J.-B. Poirié va devenir prépondérant, et celui de
Boudier dont la signature,comme maire,figure pour
la dernière fois au bas du procès-verbal de la séance
de ce jour, semble à peu près terminé en tant que
conseiller municipal. Son nom ne paraîtra plus que
deux fois, sans aucun qualificatif, alors que J.-B. Poirié continuera de signer tous les procès-verbaux des
séances du conseil, en qualité *d'agent municipal,*

---

1. Archives de la mairie: *Registre des délibérations,* n° 1.
2. *Ibid.*
3. *Ibid.*
4. *Ibid.*

et non plus comme simple officier municipal, ainsi qu'il avait coutume de le faire jusqu'à ce jour.

Boudier ne disparaît pas cependant de suite de la circulation. Nous le voyons assister à la séance du 15 ventôse an IV, dans laquelle il est procédé à un remaniement complet de la garde nationale, désorganisée par suite de plusieurs démissions, entre autres celle de Gabriel-Dorothée Crétu.

Le 25 ventôse, dans une réunion importante du conseil, à laquelle il avait tout intérêt d'assister, puisqu'il était sur les rangs comme soumissionnaire de la perception des impositions, il se voit adjugé par J.-B. Poirié « la perception de la contribution foncière à 1 denier par livre et la taxe personnelle et somptuaire à 3 deniers par livre, suivant qu'il est fixé par les lois du 18 février et du 9 octobre 1791 »[1].

La lutte avait été un moment circonscrite entre Joseph Barth, Gabriel Vallet, Thomas Daunay, Nicolas Cornier et enfin Boudier. Ce fut en définitive ce dernier qui l'emporta, « personne n'ayant plus voulu mettre de rabais »[2].

Boudier signa son acceptation, ce fut sa dernière signature administrative.

Voulant sans doute se donner tout entier à ses nouvelles occupations de percepteur communal, froissé peut-être de voir qu'il n'était plus le premier magistrat de la commune, Boudier disparaît de la vie municipale, qui va demeurer concentrée entre les mains de J.-B. Poirié jusqu'au 20 octobre 1825.

---

1. Archives de la mairie : *Registre des délibérations*, n° 1.
2. *Ibid*.

Peu de jours après son élection, il eut à intervenir comme agent judiciaire dans un cas particulier. Il s'agissait de savoir ce qui était arrivé à la femme de ménage du chirurgien Duzillet qui, contrairement à son habitude, n'était pas venue prendre son service journalier.

Le procès-verbal de la visite domiciliaire est le premier qu'ait signé J.-B. Poirié dans l'exercice de ses nouvelles fonctions municipales. C'était aussi la première fois que G.-D. Crétu, qui, à sa profession de serrurier, fort utile dans la circonstance, joignait maintenant la fonction d'adjoint municipal, eut à apposer comme tel sa signature.

Or donc, le 28 frimaire an IV, sur les 6 heures du soir, le maire Poirié, l'adjoint serrurier Crétu, « à la réquisition du citoyen C.-F. Duzillet, chirurgien », qui craignait que sa femme de ménage, malade depuis longtemps, « ne fût tombée dans une agonie profonde ou dans le feu », se dirigèrent vers le domicile de la citoyenne Barreau, dont la porte, « fermée à la clef et à deux verrous en dedans », fut ouverte sur-le-champ par Crétu [1]. Ils trouvèrent ladite citoyenne » sans connaissance morale, assise dans son lit, la tête appuyée sur son pot de chambre... « Vu son état d'imbécillité et un devoyement perpétuel », ils installèrent à son chevet une garde-malade, la citoyenne Reine Renault, et emportèrent les clefs de l'armoire

---

1. Archives de la mairie : *Registre des délibérations*, n° 1.

à linge, pour les déposer au greffe de la municipalité [1].

La citoyenne Barreau, envers qui la sollicitude municipale s'était manifestée d'une façon si touchante, finit par guérir complètement, et « sur un rapport du citoyen Duzillet, officier de santé, qui a dit que ladite citoyenne possédait actuellement ses raisons naturelles » il lui fut remis la clef de son armoire, en présence des héritiers déconfits, le 5 nivôse l'an quatrième républicaine [2].

Quelques jours auparavant le 1er nivôse, J.-B. Poirié avait eu l'occasion d'exercer les fonctions de commissaire de police, « en arrêtant sur les déclarations de Nicolas Courbe le jeune, et de Gabriel-Dorothée Crétu, le citoyen François Thévenin, de Francouville-la-libre, conduisant un âne chargé de 12 boisseaux d'orge qu'ils ont déclaré avoir vu sortir chargé, de la cour du citoyen J.-B. Lacroix » en violation de la loi sur les approvisionnements des marchés et des armées [3].

En conséquence, le citoyen Thévenin, « n'ayant pu produire aucun certificat, ou bon, ou permis constatant qu'il était chargé de l'approvisionnement des armées ou des grandes administrations de la République », se vit dresser une contravention, en présence de Crétu et de Nicolas Courbe.

Pareille mésaventure avait failli arriver l'année

1. Archives de la mairie : *Registre des délibérations*, n° 1.
2. *Ibid*.
3. *Ibid*.

précédente, le 1ᵉʳ thermidor an III, au citoyen Boudier
en personne qui, ne l'oublions pas, était marchand
de bois et dont le trafic ne se ralentit pas un seul
instant, même aux plus sombres jours de la Terreur.

Le sous-inspecteur de l'agence de la navigation
intérieure, nommé Malivoix, avait requis le maire et
l'agent national « de se transporter sur le port de la
commune, pour vérifier les lettres de voiture du sieur
Daguet, chargé de bois pour le compte du citoyen
Boudier »[1]. Après explications de l'ex-maire et grâce
peut-être aussi à la complaisance de J.-B. Poirié et de
Rolport, cette affaire n'eut aucune suite fâcheuse pour
Boudier[2].

J.-B. Poirié allait par la suite continuer la série
de ses bonnes actions, tantôt avec le procureur,
tantôt en compagnie de son nouvel adjoint G.-D.
Crétu, qui semble s'être beaucoup assagi en vieillis-
sant un peu.

Cette sagesse sera sujette, il est vrai, à des inter-
mittences, car la nature de Crétu semble bien être
une nature impulsive, agissant souvent bien, mal
parfois, envoyant promener les gens en lâchant un
gros mot, quand les affaires ne vont pas au gré de ses
désirs, ou au contraire empressé à rendre service,
sans crainte du danger qu'il peut courir personnelle-
ment. Il avait certainement bon cœur, comme il le
prouvera plus tard, mais il était doué d'un mauvais
caractère.

---

1. **Archives** de la mairie : *Registre des délibérations*, n° 1.
2. *Ibid.*

A l'heure actuelle, il est tout entier à ses fonctions qu'il accomplit consciencieusement ne lâchant pas J.-B. Poirié d'une semelle.

C'est en sa présence que l'an quatrième de la République, une et indivisible, le 11 nivôse, comparaissait devant l'agent municipal de la commune de Saint-Ouen, non plus pour un délit, mais en exécution de la loi du 7 vendémiaire an IV sur la police des cultes « le citoyen Urbain Leducq, domicilié à Franciade, rue Compoise, n° 7, lequel a fait la déclaration dont la teneur suit : « Je reconnais que l'uni- » versalité des citoyens français est le souverain » et je promets soumission et obéissance aux lois » de la République » [1].

Acte fut donné au citoyen Urbain Leducq de sa formule aussi inexacte qu'inélégante, mais dont il n'était point l'auteur.

C'était le troisième ministre du culte catholique qui faisait son apparition à Saint-Ouen depuis le départ du curé Blanchard. Il y resta un an environ, pendant l'absence de Denis Oger que nous avons déjà vu prêter un premier serment et qui, à son retour dans la commune, le 6 nivôse an V, s'empressa lui aussi de prononcer la nouvelle formule gouvernementale.

Elle était absolument exigée des ministres du culte pour pouvoir exercer leurs fonctions, et l'agent municipal J.-B. Poirié, sachant les pénalités qu'il

---

1. Archives de la mairie : *Registre des délibérations*, n° 1.

encourrait en négligeant cette formalité, n'eut garde de manquer à la remplir.

Cette déclaration allait bientôt devenir insuffisante, et nous allons voir l'année d'après le citoyen Berteau Gabriel-Corneille-Joseph, domicilié à Paris rue Laurent, n° 12, division du faubourg du Nord, V<sup>e</sup> arrondissement, récemment arrivé dans la commune, après avoir prêté en présence de J.-B. Poirié ce premier serment, être obligé de comparaître une seconde fois au greffe de la municipalité le 24 fructidor an V et déclarer devant le maire et son adjoint « vouloir se conformer à la loi du 19 fructidor dernier » [1].

Le procès-verbal nous apprend « qu'il a prêté le serment exigé des ministres des cultes, de haine à la royauté et à l'anarchie, d'attachement et de fidélité à la République et à la constitution de l'an III » [2].

Ce nouveau serment, dont les termes sont si énergiques, et qui, je crois, est un des derniers que la tracassière autorité du Directoire ait imposé aux membres du clergé, devait être maintenu pendant toute la durée de ce régime.

Il ne m'appartient pas de conter en quoi et comment la conspiration de Babeuf fut pour quelque chose dans la nouvelle formule sacramentelle, mais ce que je dois dire, c'est que deux ans plus tard, le 30 floréal an VII, les termes en étaient encore maintenus. Ils furent officiellement répétés par le citoyen Étienne Allen natif de Paris, y demeurant rue de Sèvres,

---

1. Archives de la mairie : *Registre des délibérations*, n° 1.
2. *Ibid.*

n⁰ 1111, division de l'Ouest, X⁰ arrondissement, lequel a fait la prestation de serment que nous connaissons et, « en outre, a déclaré vouloir se conformer à la loi du 19 fructidor an V, concernant les ministres des cultes[1] ».

Ce dernier curé dut exercer le ministère paroissial depuis l'an VII jusqu'au 28 floréal an X, où, à la suite de la signature du concordat, le nouvel archevêque de Paris, Mgr du Bellay, nomma à la cure de Saint-Ouen, l'ancien titulaire de la cure Saint-Marcel à Saint-Denis, l'abbé Salmon Louis-Grégoire[2].

La réception des serments constitutionnels, si nombreux qu'ils fussent, ne devait pas cependant absorber toute l'autorité du maire qui savait, au besoin, se montrer efficace.

Ainsi à la fin de l'an IV, alors que la garde nationale n'existait plus guère qu'à l'état de souvenir, le maire n'avait pas hésité, le 21 fructidor, à convoquer les cultivateurs de la commune, au son de guerre et de la cloche », pour aviser aux moyens de donner du renfort aux nouveaux gardes-champêtres, dont l'action protectrice devenait particulièrement insuffisante contre les vignes, au temps des vendanges.

Il leur fit adjoindre « six hommes, à choisir sur la liste des soixante-six propriétaires de vignes, pour les aider, chaque jour, à tour de rôle »[3].

C'était le moment ou jamais, d'exercer une garde active de jour et de nuit, pour préserver les vignes

---

1. Archives de la mairie : *Registre des délibérations*, n° 1.
2. Pisani, *l'Église de Paris et la Révolution*, t. IV, p. 334 (en note).
3. Archives de la mairie : *Registre des délibérations*, n° 1.

des maraudages saisonniers, en attendant le jour des vendanges, dont l'ouverture fut fixée le quatrième jour complémentaire de l'an quatrième par les habitants, à la majorité de cinq voix, pour le 5 vendémiaire an V[1].

Je pourrais arrêter à l'an V l'histoire de Saint-Ouen pendant la Révolution. Par suite de la centralisation excessive des pouvoirs publics que la Constitution de l'an III avait organisée et que le Directoire va manier tant bien que mal, la vie municipale, qui seule peut intéresser désormais, se trouvera bientôt réduite à sa plus simple expression.

L'autorité départementale va de plus en plus se substituer à l'autorité municipale qu'elle tiendra sous sa dépendance.

Cette dernière se désintéressera de la vente du presbytère que les besoins d'argent du Directoire obligeront à faire, sans bénéfice sérieux pour son trésor de guerre et au grand détriment des finances communales, quand il faudra plus tard effectuer le rachat d'une propriété, qui « depuis un temps immémorial appartenait à la commune »[2].

On aurait pu croire que les nombreuses modifications que le conseil général avait faites, dans le courant de messidor an III, au presbytère et à la maison vicariale pour y loger les écoles communales, eussent préservé pour toujours ces immeubles d'une vente possible, il n'en fut rien.

1. Archives municipales: *Registre des délibérations*, n° 1.
2. *Ibid.*

Les services municipaux qui y étaient installés ne se trouvèrent pas cependant immédiatement désorganisés, puisque le nouveau propriétaire voulut bien louer à la commune « pour 200 francs par an », la maison dite des Écoles, qu'il venait d'acheter le 16 brumaire an V [1].

Avant de se réveiller sous le Consulat et sous l'Empire, de la torpeur administrative où la plongea le Directoire, l'autorité municipale va une dernière fois faire acte de vitalité « en dressant un état des noms des propriétaires de bateaux », conformément à un arrêté du ministre de l'Intérieur daté du 18 floréal an VII, pour réglementer le bachotage [2].

Saint-Ouen qui avait repris sa séculaire dénomination, et qui ne s'appelait plus Bains-sur-Seine, comptait six propriétaires de bateaux : MM. Compoint Jacques-Claude ; Poirié Pierre-Paul ; Descoings Charles ; Compoint Jean ; Descoings Côme-Michel ; Delépine Jean-François [3].

Un peu plus tard en l'an XII, chaque bateau recevra un numéro d'ordre et devra se garer la nuit à la place indiquée. Pour l'instant, les exigences gouvernementales étaient plus modestes et surtout moins impérieuses que celles des particuliers.

Débarrassés enfin des craintes qui trop longtemps les avaient paralysés, ils pouvaient sans risques sérieux, demander des comptes à qui leur en devaient.

---

1. Archives de la mairie : *Registre des délibérations,* n. 1.
2. *Ibid.*
3. *Ibid.*

Gabriel Vallet et Louis-François Compoint firent
les premiers entendre leurs légitimes réclamations le
19 pluviôse an VIII, en demandant au juge de paix
de Clichy, la révision des terres qu'ils avaient ache-
tées et dont leurs voisins détenaient une trop large
part.

J.-F.-S. Boudier, Michel Compoint, Jean Compoint,
J.-B. Compoint furent donc convoqués « à l'effet
d'être présents aux opérations que les sus-nommés
entendent faire faire, pour procéder à l'arpentage et
bornage de leurs propriétés, comme aussi d'apporter
avec eux leurs titres de propriétés » [1].

Le résultat des opérations, faites par le géomètre
Belhomme le 19 pluviôse, fut la restitution aux plai-
gnants des terrains usurpés [2].

La série des opérations ainsi commencées allait
continuer le 11 thermidor et jours suivants, toujours
par l'intermédiaire du juge de paix, en présence de
J.-B. Poirié, maire, Cornier adjoint, et des citoyens
Mathieu Bénard et Gabriel Vallet, assesseurs [3].

Les citoyens Gillet, Boudier, Le Bert, Custrop et
Astour étaient cités « à comparoir et se trouver le
11 présent mois, 6 heures matin et jours suivants, au
lieu dit La Jonchée du Ciel, pour être présents au
mesurage et bornage des terres appartenant à la commune de Saint-Ouen [4].

---

1. Archives de la Seine : Minute de la justice de paix du canton
de Clichy, cartons 129-130.
2. *Ibid.*
3. *Ibid.*
4. *Ibid.*

Les opérations terminées, « il résulte du rapport
fait par le citoyen Belhomme, géomètre, inséré audit procès-verbal, que lesdits Boudier, Gillet, Lebert,
les héritiers de Gesvres et les régisseurs du château
de Saint-Ouen, ont usurpé par anticipation une
*quantité considérable* de terres appartenant à la commune de Saint-Ouen et à l'école de ladite commune,
qu'en conséquence, et attendu que les défendeurs ne
se sont point conformés au contenu de l'ordonnance
qui leur faisait défense d'enlever aucun des fruits
existant sur les terres anticipées, avant que ladite
anticipation ne fût constatée », le juge de paix
« requiert contre eux la restitution des fruits, soit en
nature, soit à dire d'expert, chacun en ce qui les concerne, et qu'ils soient en outre condamnés à la restitution des terres usurpées et en tous les dépens
auxquels l'opération sus-énoncée peut donner lieu,
requérant qu'il soit donné défaut contre les citoyens
Boudier et Astour non comparant [1].

» En conséquence des restitutions ci-dessus détermi-
nées, ordonne au citoyen Belhomme, géomètre, qu'il
sera procédé en notre présence et celle des parties
présentes, au placement des bornes qui doivent fixer
la superficie desdites pièces de terre... lesdites bornes
au nombre de huit [2].

» ..... A l'égard des fruits provenant de la récolte
de cette année....... seront tenus les citoyens
Gillet, Boudier et Lebert, de les restituer au maire de

---

1. Archives de la Seine : Justice de paix de Clichy, cartons **129-130**.
2. *Ibid.*

ladite commune, soit en nature ou leur valeur à dire d'expert, convenir entre les parties....... seront, en outre, tenus de payer moitié des frais auxquels lesdits mesurage et bornage ont donné lieu, et le surplus par la commune de Saint-Ouen[1]..... »

. . . . . . . . . . . . . . . . .

Le 17 thermidor an VIII, les bornes furent plantées en présence de : Jean-François Belhomme, géomètre, à la requête du citoyen Poirié, maire de la commune de Saint-Ouen-sur-Seine[2].

L'heure de la justice avait enfin sonné et elle était la même pour tout le monde. Boudier fut obligé de s'exécuter à son tour.

Après avoir rempli de sa personnalité encombrante toute la période révolutionnaire, après avoir été grand électeur, commandant de la garde nationale, notable, maire de Saint-Ouen, adjudicataire des contributions, après avoir rempli le premier rôle et réalisé une grosse fortune en spéculant sur quantité d'opérations dont je n'ai raconté qu'une faible partie, Boudier le brissotin disparut brusquement de la circulation locale, le jour où il fut appelé par l'autorité de la justice à rendre des comptes.

On peut avoir un aperçu de la fortune qu'il amassa quand en germinal et en floréal an X il résolut de se défaire d'une partie de ses biens.

Il vendit alors coup sur coup, pour plus de deux

1. Archives de la Seine : Justice de paix de Clichy, cartons 129-130.
2. *Ibid*.

cent mille francs de terres dont je ne ferai point
la nomenclature, à différents propriétaires, entre
autres à Hyp. Compoint, J.-B. Trézel, M. Froidure,
J.-L. Lebert, J.-B. Lebert, Antoine Daunay, Gabriel
Vallet, Guillaume Compoint, Deschamps, etc. [1].

L'histoire de Boudier est finie, celle de Crétu est
à peine commencée, et il n'entre pas dans le cadre
de cet ouvrage d'en faire le récit.

Je me contenterai de dire que si Crétu fut un illettré,
parfois un personnage fantasque et entêté, il demeura
toujours un honnête homme.

Je puis en dire autant de J.-B. Poirié, le troisième
et dernier grand acteur de la période révolutionnaire
à Saint-Ouen. Sa carrière administrative commence,
elle se prolongera dans des limites extrêmes. Il
tiendra le record de la vie municipale. Sous tous les
régimes qui lui renouvelleront son mandat de maire,
sous le Directoire, le Consulat, l'Empire et la Restauration, il restera toujours un honnête homme.

Après avoir connu les sombres jours de la Terreur, après avoir vécu la vie souvent précaire du
Directoire, il verra les gloires de l'Empire et aussi,
hélas ! les hontes de l'invasion.

Si le rôle de J.-B. Poirié fut modeste sous le Directoire il s'occupa sérieusement, en l'an XII, de réorganiser l'instruction publique dans la commune et en
l'an XIII de créer d'une façon sommaire le premier
budget communal qui figure sur le registre municipal [2].

---

1. Archives de la Seine: *Registre des vendeurs*, Q 896-897.
2. Archives municipales: *Registre des délibérations*, n° 1.

Le 23 brumaire an XIV, il fit approuver par les conseillers toute une série de comptes très arriérés et au sujet desquels je me garderai bien de fournir des explications. Ils commencèrent par reconnaître — et il était temps — que Poirié fils, percepteur en l'an V et en l'an VI, « est totalement libéré » [1].

Les comptes de l'an VII furent passés sous silence.

Ceux de l'an VIII, perçus par Crétu, avaient donné lieu à une erreur de 77 fr. 37, qui, sans discussion, fut portée au chapitre des recettes ? de l'an XIII !!!

Enfin, l'inamovible greffier Henry, percepteur des années IX et X, fut déclaré redevable de la somme de 147 fr. 95 [2].

Malgré l'obscurité de ces comptes qui ressemblent un peu trop à ceux des apothicaires de l'époque, le conseil municipal est d'avis qu'ils soient approuvés dans tout leur contenu...... « Et sera la présente délibération fournie avec les comptes et pièces à l'appui, à l'approbation des autorités supérieures [3]. »

Je souhaite que lesdites autorités aient vu plus clair que moi dans ces primitifs budgets, dont je ne chercherai pas à approfondir la mystérieuse simplicité.

Cette séance municipale est encore datée d'après le calendrier républicain qui fut l'une des dernières manifestations de la période révolutionnaire que devait détruire l'autorité de Napoléon.

---

1. Archives de la mairie : *Registre des délibérations.*
2. *Ibid.*
3. *Ibid.*

# PIÈCES JUSTIFICATIVES

## ARCHIVES DE LA MAIRIE DE SAINT-OUEN

*Registre des baptêmes, mariages et sépultures
pendant l'année 1781*

### Bénédiction des cloches le 16 décembre 1781 [1]

L'an 1781 le 16 décembre, les quatre cloches de cette église ont été bénies par nous desservant soussigné. Le nom de *Louise-Françoise* a été imposé à *la grosse*, par haut et puissant seigneur Monseigneur Louis-Joachim-Paris Potier de Gesvres, duc de Gesvres, pair de France, seigneur de Saint-Ouen et de dame Marie-Françoise Duguesclin, duchesse de Gesvres, épouse dudit seigneur, lesquels ont été représentés par le sieur Claude Chevreux et Anne-Louise-Suzanne Levasseur, son épouse, concierges du château de Saint-Ouen.

*La seconde* a été nommée *Charlotte-Adélaïde* par Messire Pierre-Charles Lavallette, chevalier, seigneur, baron de Lange-en-Bresse, conseiller du roi en ses conseils, garde de son trésor royal et maître des requêtes honoraire de son hôtel, et dame Adélaïde-Thérèse Lavallette, épouse de André-Claude Thiroux de Gervilliers, chevalier, brigadier des armées du roi, représentés par les sieurs Jacques Des Landes et Marie-Charlotte Grivelot, femme d'Anthoine-Christophe Citerne, officier chez ledit parrain.

*La troisième* a été nommée *Jeanne-Marie-Victoire* par messire Guillaume de Monnereau, chevalier, lieutenant-colonel d'infanterie, chevalier de l'ordre royal et militaire de Saint-Louis, et dame Jeanne-Marie-Victorine du Couëdic de Kerdrain, son épouse, représentés par sieur Charles-Nicolas Plet, inspecteur des eaux et forêts du département de Verrières, et par dame Marguerite Huin, femme de Pierre Bouillant, bourgeois de Paris.

*La petite* a été mise sous la protection *de saint Ouen*, patron de cette paroisse, et ainsi nommée par la communauté des habitants représentés par Antoine Le Bert, Thomas Compoint et Nicolas Bourdin, marguilliers ; et ont signé : Le Vasseur, Chevreux, Des Landes, Grivelot, Plet, Huin, Bouillant, Antoine Le Bert, Th. Compoint, N. Bourdin Nativelle, *desservant*.

---

## ARCHIVES NATIONALES

*Biens du Clergé : cartons Q 1050-1051*

### ÉTAT DES BAUX A LOYER DES BIENS ASSIS SUR LE TERRITOIRE ET DES TERRES APPARTENANT A LA FABRIQUE DU LIEU

1° Un bail à loyer pour dix-huit années qui ont commencé en 1785, passé devant Macret, notaire à Saint-Ouen, présent témoin, le 5 mai 1785, pour 1/2 arpent de terre planté en vignes sur le terroir de Saint-Ouen, au lieu dit Chemin-de-la-Chapelle, loué par M. Louis-Auguste-Marie-Gabriel Calloy, curé de Saint-Ouen, et Pierre Compoint, marguillier, chargé de l'œuvre et fabrique, à Jacques Delacroix et

Antoinette Thadée, sa femme, pour le prix de 17 livres 10 sols de loyer, sans autres charges que de rendre au bout du bail en bonne nature de vigne, sans être changée, de payer les cens, droits seigneuriaux, ainsi que les droits de mainmorte et d'en fournir quittance valable à la fin dudit droit ;

2° Un bail à loyer, commencé comme dessus, pour savoir : 1 quartier 1/2 terre plantée en vignes au lieu dit le Château, plus 18 perches 3/4 au lieu dit le Chemin-du-Landy, plus 6 perches 1/4 de terre labourable, au lieu dit la Jalte, dont les preneurs n'ont voulu plus ample déclaration, loués par les dessus dénommés, à Eustache Compoint, fils de François, et à Thérèse Bourdin, sa femme, pour le prix de 27 livres 15 sols de loyer et les mêmes clauses que dessus ;

3° Un bail à loyer, pour dix-huit années, pour un demi-arpent de terre planté en vignes, la première contenant un quartier, lieu dit la Maison Blanche, rue de Paris....., 2° aussi d'un quartier, même lieu, loué à Gabriel Baquet, à Marie-Madeleine Gérin, sa femme, pour 17 livres 10 sols de loyer ;

4° Un bail pour un demi-arpent de terre planté en vignes, au lieu dit la Renouillière....., loué à François Dumoutier, à Marie-Madeleine Vaillant, sa femme, à Claude Dumoutier, à Marie-Geneviève Bridaut, sa femme, pour le prix de 18 livres ;

5° Un bail pour un quartier et demi de terre planté en vignes, au lieu dit le Château....., loué à François Compoint, fils Ouen, et à Marguerite Nonillec, sa femme, pour le prix de 24 livres de loyer ;

6° Un bail pour deux pièces, savoir un quartier de terre planté de vignes au lieu dit le Champ à loup....., plus un quartier de terre labourable, même terroir, au lieu dit la

Bonne....., loué à J.-B. Trézel et à Marie-Françoise Buisson, sa femme, pour le prix de 19 livres. Il sera défalqué 7 livres 10 sols sur le loyer, pour chaque année de continuation du bail ;

7° Un bail pour un quartier de terre planté en vignes, au lieu dit la Renouillière, loué à François Legrand le jeune, et à Antoinette Compoint, sa femme, pour le prix de 10 livres de loyer ;

8° Un bail pour deux pièces de terre, l'une plantée en vignes, au lieu dit le chemin du Landy, louée à Jean-Adrien Voillot et à Marguerite Guiot, sa femme, pour 7 livres pour la pièce de vignes, et 25 sols pour les terres labourables ;

9° Un bail pour un demi-arpent de terre planté en vignes, au lieu dit le Château, loué à Michel Froidure et à Marie-Denise, sa femme, pour le prix de 32 livres ;

10° Un bail à François-Denis Compoint, fils de Louis, et à Marie-Jeanne Delacroix, sa femme, pour 20 livres ;

11° Un bail à Denis Compoint, fils de Denis, et à Marie Poisson, sa femme, pour le prix de 31 livres ;

12° Un bail à Louis Compoint, fils de Denis, et à Marie-Jeanne Delacroix, sa femme, pour le prix de 20 livres ;

13° Un bail à Gabriel Vallet et à Marie-Françoise Compoint, sa femme, pour le prix de 145 livres de loyer ;

14° Un bail à Thomas Daunay et à Marie Delacroix, sa femme, pour 12 livres ;

15° Un bail à Pierre Compoint, pour 7 livres ;

16° Un bail à Jean-Baptiste Lebert et à Marie-Jeanne Legrand, sa femme, pour le prix de 96 livres de loyer ;

17° Un bail à Étienne Legrand et à Marie-Françoise Benoît, sa femme, pour le prix de 77 livres de loyer par année.

## ARCHIVES DE LA SEINE

*Registre des Contributions foncière et mobilière*
*Département de Paris*
*Municipalité de Saint-Ouen-sur-Seine*

LISTE DES CONTRIBUABLES, ÉLECTEURS, GARDES-NATIONAUX

1. Boudier Jacques-François-Sébastien.— 2. V. Boudier.
— 3. Trézel Nicolas. — 4. Bavanne Joseph, meunier. —
5. Barat. — 6. Benoît Charles. — 7. Benoît René, le
père. — 8. Benoît, le fils.— 9. Bénard François.—10.Ber-
nette, menuisier. — 11. Bescaud, perruquier. — 12. Bénard Mathieu. — 13. Bethelot, blanchisseur. — 14. Binet
Denis. — 15. Bordier, charretier. — 16. Bourdin Charles.
— 17. Bourdin François. — 18. Bourgeois, nourrisseur de
bestiaux. — 19. Bourdin Nicolas. — 20. Brot Pierre. —
21. Buquet. — 22. Chevalier. — 23. Cadot, cabaretier. —
24. Collin Jean-Jacques.— 25. Compoint Charles,blanchis-
seur. — 26. Chevalier Vincent. — 27. Compoint Denis,
fils d'Ouen. — 28. Compoint Eustache, fils de François.
— 29. Compoint François-Denis,fils de Louis. — 30. Compoint François, fils d'Ouen. — 31. Compoint Guillaume,fils
de Guillaume.— 32. Compoint Guillaume,fils de Louis. —
33. Compoint Hyppolite. — 34. Compoint Jacques-Sébastien. — 35. Compoint Jean-Baptiste, fils. — 36. Compoint
Jean, pêcheur. — 37. Compoint Louis, fils de Denis. —
38. Compoint Louis-François. — 39. Compoint Michel, le
jeune. — 40. Compoint Michel, l'aîné. — 41. Compoint
Nicolas-Charles. — 42. Compoint Ouen, fils de François.
43.Compoint Nicolas,fils de Nicolas.—44.Compoint Pierre,

fils de Pierre. — 45. Compoint Pierre, fils de Ouen. —
46. Compoint Thomas. — 47. Cornier Louis. — 48. Cornier Jean-Louis, père. — 49. Cornier Jean-Nicolas. —
50. Courbe Nicolas, maçon. — 51. Courbe Quentin, père.
— 52. Courtier. — 53. Crétu Nicolas, père. — 54. Croissant Guillaume, tailleur.— 55. Croissant Guillaume, vigneron.— 56. David Thomas.— 57. Donnay Antoine.— 58. Daunay Thomas. — 59. Delacroix Augustin. — 60. Delacroix
Jacques. — 61. Delacroix Jean-Baptiste, père. — 62. Delacroix Jean-Baptiste, fils. — 63. Delacroix Sébastien. —
64. Delépine François. — 65. Descoing. — 66. Deshayes
Jean, maréchal. — 67. Dejardin Nicolas. — 68. Dodé
Benoît. — 69. Dubois Gabriel. — 70. Dumoutier Claude,
père. — 71. Dumoutier François, le jeune. — 72. Dumoutier Nicolas-Claude. — 73. Duzillet Claude, chirurgien. —
74. Eroutet Jean-Claude.— 75. Firmin Jacques.— 76. Four-
quignon Charles, blanchisseur. — 77. Froidure Michel. —
78. Gérin Charles-François. — 79. Gérin Étienne. —
80. Gérin Nicolas. — 81. Henry Joseph. — 82. Gondoin
Vincent. — 83. Gosse. — 84. Guéncrolle Claude.—85. Hur-
neau René, charpentier.— 86. Lecossais Joseph, jardinier.
— 87. Le Bert Antoine, l'aîné. — 88. Le Bert Antoine,
le jeune. — 89. Le Bert Jean-Baptiste. — 90. Leguay
François. — 91. Legrand Étienne. — 92. Legrand François, le jeune. — 93. Legrand François, l'aîné. — 94. Le-
page François. — 95. Le Maître Claude. — 96. Lemaître
Jean, marchand de chevaux. — 97. Leveau Joseph, charron. — 98. Liouville, l'aîné. — 99. Liouville Jean-Nicolas.
— 100. Macret Pierre. — 101. Maronnier François, cordonnier. — 102. Marin Martin. — 103. Marie, cabaretier.
— 104. Mercier Louis.— 105. Mérillon, épicier. — 106. Mil-
lon Denis. — 107. Mocal Thomas. — 108. Noël. —
109. Périer Antoine, tonnelier. — 110. Poirié Olivier,

maçon. — 111. Poirié Jean-Baptiste, maçon. — 112. Pauty Christophe. — 113. Potet Michel. — 114. Potruc Nicolas, cordonnier. — 115. Rivière Hyppolite, cabaretier. — 116. Raget Nicolas.— 117. Raget Christophe.— 118. Raget Pierre-Ouen. — 119. Raget Pierre, le fils. — 120. Rocher Jean-Jacques. — 121. Rocher Clair. — 122. Roger Nicolas, tailleur.— 123. Surville Joseph, épicier. — 124. Trézel Jean-Baptiste. — 125. Tridon Jean. — 126. Trouillet Pierre-Jean. — 127. Vaillant Claude. — 128. Vaillant Jean-Martin. — 129. Vallet François. — 130. Vallet Nicolas. — 131. Vallet Gabriel. — 132. Vallet Nicolas. — 133. Voilot Jean-Adrien. — 134. Voilot Sébastien. — 135. Varlet Nicolas.

---

## ARCHIVES NATIONALES

### Carton C 158

PROCÈS-VERBAL DE L'APPOSITION DES SCELLÉS PAR LA MUNICIPALITÉ DE SAINT-OUEN LE 19 AOUT 1792 AU CHATEAU DU DUC DE NIVERNAIS.

L'an 1792, l'an IV° de la liberté, le 19 août, sur les 10 heures du matin, nous, maire, officiers municipaux, notables et procureur de la commune de Saint-Ouen, nous nous sommes transportés à la maison de M. de Nivernais à la réquisition de M. Auxcousteaux, citoyen demeurant à la barrière de Clichy, section du Roule à Paris, qui nous a dit que d'après l'arrestation de la personne de M. de Nivernais et des scellés mis chez lui à Paris, il nous requiert de même, pour apposer les scellés en sa maison de Saint-Ouen, sur tous ses appartements ;

1° Pose le scellé sur un secrétaire dans le **cabinet de** M. Vée, concierge, et sur la porte dudit cabinet et ainsi que sur les appartements que nous avons visités et dans lesquels nous n'avons rien trouvé ;

2° Nous nous sommes transportés dans l'appartement de M. de Nivernais, nous avons apposé les scellés sur un secrétaire appartenant à M^me de Montesson, sur la déclaration qui nous en a été faite par M. Vée, concierge de ladite maison ;

3° Nous nous sommes transportés de suite dans le cabinet de M. de Nivernais, dans sa bibliothèque, dans la chambre à coucher et dans plusieurs chambres auxquelles nous avons mis et apposé les scellés sur toutes les portes d'entrée et de sortie ;

4° Dans l'antichambre nous avons posé le scellé sur la porte qui conduit dans la chambre à coucher de M. de Nivernais ;

5° Visite faite dans tout le reste des appartements, nous avons trouvé la quantité des armes qui est de dix fusils et de deux paires de pistolets. Les dix fusils sont déposés à la chambre de la commune qui ont été déclarés par le sieur Vée lorsque a été faite la proclamation de la patrie en danger, et quatre chevaux qui servent pour conduire les approvisionnements de sa maison, de Paris à Saint-Ouen.

Nous avons fait toutes les recherches dans toutes les dépendances de la maison et nous n'avons rien trouvé de suspect. Nous observons que les dix clefs fermant les différentes parties où il existe des papiers dont nous n'avons fait aucune revue ; à l'instant nous avons donné des ordres à M. le commandant de poser une sûre et bonne garde pour la sûreté desdits scellés.

Nous avons arrêté le présent pour en faire part à l'Assemblée Nationale, afin qu'elle en prononce sur les effets audit procès-verbal.

Fait et arrêté en la chambre de commune, le jour et an que dessus et ont signé :

> AUXCOUSTAUX ; BOUDIÉ, maire, avec paraphe ; CROIS-SANT, officier ; DAUNAY, officier ; VALLET, officier ; RAGET, officier ; J.-N. CORNIER, officier ; POTET, commandant en second du bataillon ; J.-B. LEBERT, procureur ; TROUILLET, notable.

Délivré conforme à l'original à Saint-Ouen le 19 août 1792, l'an IVᵉ de la liberté.

MIGNOT,
*Secrétaire-greffier.*

---

## ARCHIVES DE LA MAIRIE DE CLICHY

AVIS DES ADMINISTRATIONS MUNICIPALES DE CLICHY ET DE SAINT-OUEN SUR LA DEMANDE D'UN PASSEPORT FAITE PAR LA CITOYENNE ANNE-LOUISE-GERMAINE NECKER, FEMME DU BARON STAËL DE HOLSTEIN, RÉSIDENTE A SAINT-OUEN.

Extrait du *Registre des délibérations de l'Administration municipale de Clichy* du 28 vendémiaire an VII.

Vu la pétition faite par la citoyenne Anne-Louise-Germaine Necker, femme du baron Staël de Holstein, envoyé de Suède en France, *résidente à Saint-Ouen*, canton de Clichy, à l'effet d'avoir l'avis favorable de l'administration dudit canton, pour obtenir de celle du département de la

Seine, un passeport pour se rendre en Suisse chez le citoyen Necker, son père, dont la santé exige des soins ;

Vu aussi à la suite de la pétition de la requérante, le certificat des citoyens Jean-Baptiste Martin, rentier, âgé de soixante-six ans, de Gabriel-Dorothée Crétu, serrurier, âgé de trente-quatre ans, tous les deux domiciliés audit Saint-Ouen, suivant lequel ils déclarent bien connaître ladite Anne-Louise-Germaine Necker et qu'il n'y a aucun inconvénient à ce que ledit passeport lui soit délivré, et ont lesdits Martin et Crétu signé en notre présence la sincérité de leur témoignage ;

Vu pareillement le visa de cette administration apposé sur le passeport de ladite Anne-Louise-Germaine Necker, femme du baron Staël de Holstein, délivré à Genève le 28 prairial an VI de la République française, ledit visa en date du 8 messidor an VI et enregistré au registre des passeports sous la même date ;

Vu en outre la loi du 7 décembre 1792, ensemble celle des 14 et 17 ventôse an IV, de plus l'arrêté du département en date du 28 vendémiaire an VI, le tout relatif à la délivrance des passeports de ce genre ;

Après avoir médité sur la demande de ladite requérante, s'être procuré de l'agent municipal de Saint-Ouen présent tous les renseignements sur sa moralité et son civisme, enfin d'après les bons témoignages qu'il en a rendus ainsi que les deux témoins susnommés.

Ouï la commission du Directoire exécutif ; l'administration est d'avis qu'il soit accordé un passeport à ladite Anne-Louise-Germaine Necker, femme du baron Staël de Holstein, pour se rendre en Suisse ;

Invite en conséquence l'administration centrale du département de la Seine à faire droit à la demande de la requérante dont suit le signalement :

Agée de vingt-neuf ans, native de Paris, taille de 1 m. 65 (5 pieds 1 pouce), cheveux et sourcils noirs, yeux idem, nez bien fait, bouche moyenne, menton rond, visage ovale et uni ;

Et sera copie du présent, remise à ladite Anne-Louise-Germaine Necker pour lui servir auprès de l'administration centrale.

*Signé :* Anne-Louise-Germaine Necker-Staël de Holstein, Martin, G.-D. Crétu

La présente expédition ainsi que les signatures ci-dessus certifiées par nous, membres composant l'administration municipale du canton de Clichy, département de la Seine.

Folin, Husson, Gauvin, Boudier

Vu par le commissaire du Directoire exécutif :

Cazade

Pour les administrateurs :

Bovery

Suit encore l'autorisation maritale :

J'autorise mon épouse Anne-Louise-Germaine Necker, à obtenir du département de la Seine un passeport pour se rendre en Suisse auprès de son père dont la santé exige des soins.

Paris, le 1er brumaire an VII.

Ch. Staël v. Holstein

# ARCHIVES DE LA MAIRIE DE SAINT-OUEN

## Procès-verbal de réorganisation de la garde nationale le décadi 10 messidor an III

*Extrait du Registre des Délibérations du Conseil général de la Commune de Bains-sur-Seine.*

L'an III⁰ de la République, une et indivisible, le décadi 10 messidor, les citoyens habitants de la commune de Bains-sur-Seine, assemblés au lieu des séances municipales, par annonce faite au son du tambour, à l'effet de mettre à exécution la loi du 28 prairial dernier, pour la réorganisation de la garde nationale des départements, le citoyen J.-B. Poirié, officier municipal présidant, l'assemblée a fait lecture de la loi suscitée.

Il a ensuite été nommé à l'acclamation les citoyens : Joseph Barth ; Michel Potet et Nicolas Lionville, pour scrutateurs et Olivier Poirié pour secrétaire.

Il a été ensuite donné un état exact des citoyens présents comme absents qui, aux termes de ladite loi, sont compris dans l'organisation, pour savoir combien il y aurait de compagnies de soixante-dix-sept hommes. Ledit état dressé, il a été reconnu par l'assemblée qu'il se trouvait dans la commune cent vingt-cinq hommes, en conséquence l'assemblée a déclaré qu'il ne serait formé qu'une compagnie.

Le président, ayant prêté le serment de fidélité à la République, a ensuite reçu le pareil serment de tous les citoyens composant l'assemblée. Il a été ensuite procédé à la nomination des officiers. Le président ayant fait la dépouille des scrutins, il en est résulté que le citoyen Michel-Maurice Potet a été élu capitaine, ayant réuni la pluralité relative des suffrages ; le citoyen Joseph Barthe lieutenant ; le citoyen Gabriel-Dorothée Crétu sous-lieutenant.

Après les officiers, les sous-officiers ont été élus de la même manière, par les votes de l'assemblée et d'après le nombre des suffrages exprimés, Olivier Poirié fils et Jean-Baptiste Poirié ont été élus sergents-majors, et les citoyens J.-B. Martin, François Marronnier, J.-B. Vaillant et Nicolas Courbe, sergents. Et, ensuite il a été nommé pour caporaux, les citoyens Joseph Serville, Bon Compoint, Michel-François Denaux, Guillaume Baudet, François-Théron, Hyppolite Compoint, Pierre Raget fils et Jacques Sébastien Compoint.

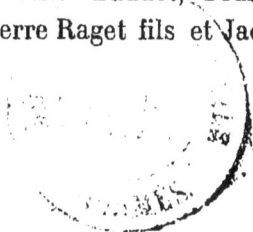

# TABLE DES MATIÈRES

Imp. JOUVE et Cⁱᵉ, 15, rue Racine, Paris — 1495-12.

## HISTOIRE. — BEAUX-ARTS
### VOYAGES

BIEZ (Jacques DE). — *E. Frémiet, son œuvre*; préface de Frédéric MASSON, de l'Académie Française, avec le catalogue complet de l'Œuvre de Frémiet. 1 vol. in-8 jésus, orné de 43 planches hors texte.......... 9 fr.

Ouvrage couronné par l'Académie française (Prix Charles Blanc) et honoré d'une souscription des Beaux-Arts.

DONTENVILLE (J.), professeur agrégé de l'Université. — *Napoléon Iᵉʳ*.

LASSUS (Augé DE). — *Les Champs-Elysées depuis leur origine*, 1 vol. in-8 de 168 pages.............. 5 fr.

LEDIEU (Alcius). — *Les Villes de Belgique, souvenirs et impressions de voyage d'un touriste*, 1 vol. in-8 de 476 pages, nombreuses illustrations.............. 5 fr.

Ouvrage adopté par le Ministère des Sciences et des Arts de Belgique.

LE POINTE (Henri). — *Histoire de nos Drapeaux de 1792 à nos jours*, 1 vol. in-16 de 290 pages......... 3 fr. 50

Ouvrage adopté par les Ministères de la Guerre et de l'Instruction publique.

— *Gloires et Légendes*, histoire militaire de la France de 1789 à nos jours; préface d'Edouard DETAILLE, 1 vol. in-16 de 525 pages. 3 fr. 50

Ouvrage adopté par le Ministère de l'Instruction publique.

MARTIN (William), directeur du Musée Royal de La Haye. — *Gérard Dou, sa vie et son œuvre*. Etude sur la peinture hollandaise et les marchands au XVIIᵉ siècle, traduit du hollandais avec un avant propos par Louis DIMIER. 1 vol. in-8 avec 16 phototypies hors texte, reliure anglaise............ 12 fr.

PICARD (Col. L.). — *Les Guerres d'Espagne. Le Prologue Expédition du Portugal, 1807*, 1 volume in-8 de 354 pages................ 5 fr.

RHONÉ (Arthur). — *L'Egypte à Petites Journées, souvenirs du Caire d'autrefois*, 1 vol. in-8 jésus de 488 pages, avec 8 plans et 242 illustrations de Paul Chardin, C. Mauss, A. Dauzats, Ambroise Baudry et Jules Bourgoin, broché........ 25 fr.
Relié............ 30 fr.

SCHUERMANS (Albert). — *Itinéraire général de Napoléon Iᵉʳ*, deuxième édition, préface par Henri HOUSSAYE, 1 vol. in-8 de 464 p. 7 fr. 50

Ouvrage couronné par l'Académie Française (prix Thérouanne).

### SCIENCES

CHEVALIER (Marcel). — *Les Cataclysmes terrestres, séismes et volcans*; préface de Stanislas MEUNIER, 1 volume in-8 de 425 pages, illustré de 125 photographies et croquis................ 6 fr.

LASSABLIÈRE (Dr P.). — *Hygiène Infantile*, notions à l'usage des mères, 1 volume in-8................ 1 fr.

— *Annuaire et guide pratique d'Hygiène*, 2ᵉ année, 1 vol. in-8 de 500 pages.... 2 fr. 50

MOREUX (Abbé Th.), directeur de l'Observatoire de Bourges. — *Les Tremblements de Terre*, 1 vol. in-16 illustré................ 2 fr.

— *A l'Asssaut du Pôle Sud*, 1 vol. in-18 de 210 p. 1 fr. 50

www.ingramcontent.com/pod-product-compliance
Lightning Source LLC
Chambersburg PA
CBHW071957090426
42740CB00011B/1979